MARGIT PROEBST | CORNELIA TRISCHBERGER

einszwei:Kochen!

Mit Fertigprodukten ratzfatz kochen und genießen

FOTOS: STUDIO L'EVEQUE TANJA & HARRY BISCHOF

MARGIT PROEBST | CORNELIA TRISCHBERGER

einszwei:Kochen!

Mit Fertigprodukten ratzfatz kochen und genießen

FOTOS: STUDIO L'EVEQUE TANJA & HARRY BISCHOF

Das einszwei-Kochen-Prinzip:
Eins – alles bereitstellen, Dose öffnen oder TK-Gemüse auftauen lassen. Zwei – die eine oder andere frische Zutat klein schnippeln. Und dann: ratzfatz kochen!

inhalt

einszwei:Kochen!

So geht's richtig schnell!

einszwei:**Kochtipps!**

So gelingt Ihnen jedes Rezept!

Kochen ist nicht schwer, schon gar nicht mit unseren einszwei-Kochrezepten, die wir speziell für »Nachwuchs-Kochkünstler« entwickelt haben. Doch für Ihre ersten Versuche gilt: Lesen Sie das Rezept genau durch und halten Sie sich exakt an die Vorgaben, dann wird Ihnen alles sicher gelingen! Und wenn Sie erst mal ein wenig Übung gewonnen haben, dann dürfen Sie nach Herzenslust abwandeln und selber experimentieren.

Entspannt und stressfrei kochen

Das Prinzip ist ganz einfach: Zuerst legen Sie alle Zutaten und Utensilien zurecht, lassen TK-Sachen auftauen, öffnen Dosen etc. Dann bereiten Sie alles kochfertig vor: Sie waschen und schnippeln z. B. das frische Gemüse, schneiden das Fleisch, hacken Zwiebeln und Kräuter. Kurz, Sie machen alles, was sich vorweg erledigen lässt. Erst dann geht's an den Herd. Wenn Sie nämlich alle vorbereiteten Zutaten und Utensilien in Griffnähe haben, kommt beim Kochen keine Hektik auf, zumal Sie zu keinem Zeitpunkt auf zwei »Kochbaustellen« gleichzeitig zugange sind. Ihr zusätzlicher einszwei-Vorteil: Wir haben für Sie jede Menge guter Convenience-Produkte in die Rezepte eingebaut. Der Zeitaufwand hält sich also in Grenzen, versprochen!

Clever planen

Zur vernünftigen Planung gehört schon mal der Einkauf, klar. Sie müssen alle Zutaten zu Hause haben, ehe Sie loslegen. Für die Rezepte dieses Buches müssen Sie im Vorfeld außerdem nur noch an eins denken: Nehmen Sie Tiefgekühltes rechtzeitig aus dem Tiefkühlfach! Es bekommt TK-Gemüse, TK-Fisch und TK-Fleisch nicht besonders gut, wenn Sie sie hektisch in der Mikrowelle oder in einem Plastikbeutel in warmem Wasser auftauen. Ist im Notfall mal erlaubt, aber wirklich nur dann! Geschmack und Vitamine bleiben am besten erhalten, wenn Sie Tiefgekühltes am Vorabend aus der Packung nehmen, in eine Schüssel oder auf einen Teller geben und zugedeckt langsam im Kühlschrank auftauen lassen (s. auch S. 55).

Bitte nicht kleckern!

Damit Sie sich nach dem Kochen nicht komplett umziehen müssen, hier ein paar Tipps zum kleckerfreien Umgang mit dem Pürierstab: Das Gefäß, in dem Sie pürieren, sollte in jedem Fall höher als breit sein. Perfekt funktioniert's in einem hohen Rührbecher. Der sollte aus hitzebeständigem Material sein, damit Sie auch kochend heiße Suppe darin pürieren können. Es geht auch in einem Topf mit hohem Rand. Wichtig: Tauchen Sie den Pürierstab unbedingt erst in die Suppe, ehe Sie ihn anschalten. Und – falls er nicht ohnehin mitgeliefert wurde – besorgen Sie sich einen Spritzschutz aus Plastik, der am Pürierstab montiert wird. Gar keine schlechte Erfindung!

Fleisch richtig braten

Wissen Sie, was es damit auf sich hat, wenn im Rezept steht: »Fleisch portionsweise anbraten«? Beim Anbraten muss sich ganz schnell eine schützende Kruste um das Fleisch bilden, damit es saftig und zart wird. Dazu müssen Sie die Pfanne stark erhitzen und als Bratfett neutrales Pflanzenöl oder Butterschmalz nehmen, die sich hoch erhitzen lassen, ohne zu verbrennen. Wenn Sie jetzt zu viel kaltes Fleisch gleichzeitig in die heiße Pfanne geben, sinkt die Temperatur rapide. So sehr, dass sich die Poren nicht sofort schließen und das Fleisch wertvollen Saft verliert. Die Folge: Es wird trocken und zäh! Also: Das Fleisch rechtzeitig aus dem Kühlschrank nehmen, damit es Zimmertemperatur annehmen kann. Außerdem: Die Pfanne nie überfüllen und alles immer schön in kleinen Mengen anbraten!

Auf die Plätze, einszwei, los!

So, nun nichts wie ran an Töpfe und Pfannen! Eine Fülle weiterer Kniffe und Küchentricks verraten wir Ihnen direkt bei den Rezepten. Sie werden sehen, mit wie wenig Aufwand Sie was Leckeres und Gesundes auf den Tisch zaubern. Da könnte Kochen doch glatt Ihr neuestes Hobby werden, oder? Viel Spaß dabei!

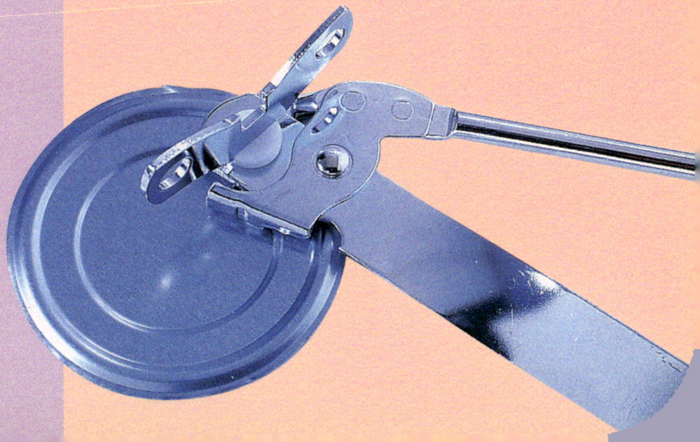

Dosentomaten

Nur sonnengereifte Tomaten frisch vom Strauch kommen in die Dose. In puncto Aroma können da nur beste Freilandtomaten mithalten. Für Saucen, Suppen und Eintöpfe sind Dosentomaten daher 1. Wahl. Auch Pizzatomaten und Tomatenpüree aus dem Tetrapak gehören in den Vorrat.

Fertigsaucen

Mit Pesto, Taco-Sauce & Co. aus dem Glas, Béchamel und Sauce hollandaise aus dem Tetrapak zaubern Sie fix ein Pastagericht, eine feine Füllung oder die Sauce zu kurzgebratenem Fleisch. Wer keine künstlichen Aromen und Geschmacksverstärker will, kauft im Bioladen.

TK-Gemüse

Asia-Gemüsemischung mit Sprossen und Pilzen, mediterrane Gemüsepfanne mit Kräutern: lecker! Da das Gemüse erntefrisch verpackt wird, ist es sogar vitaminreicher als lange gelagerte Frischware. Und das Putzen und Schnippeln wurde schon erledigt.

Früchtchen auf Vorrat

TK-Beeren werden reif gepflückt und sofort gefroren. So bleiben Vitamine, Aroma und Farbe erhalten. Nicht ganz so gesund, aber ebenso praktisch und lecker: Dosenfrüchte, von Klassikern wie Pfirsichen und Ananas bis zu Mango-Pulp (s. Rezepte S. 53), dem Newcomer im Asienladen.

einszwei: **Fertig-Vorrat!**

Das brauchen Sie für viele Rezepte!

TK-Fisch

Für eine gesunde Ernährung sollte jede Woche Seefisch auf dem Speisezettel stehen. Kein Fischhändler in der Nähe? TK-Lachs, -Rotbarsch und -Kabeljau schmecken ebenso fein. Am besten über Nacht sanft im Kühlschrank auftauen lassen (s. auch S. 55).

Nudeln

Getrocknete Pasta gibt es in riesiger Auswahl, ein paar Sorten machen sich immer gut im Vorratsschrank. Noch feiner im Geschmack sind frische Nudeln aus dem Kühlregal im Supermarkt. Tortellini, Ravioli & Co. können ein paar Wochen im Kühlschrank auf ihren Einsatz warten.

Kartoffelpüree, Reis und Couscous ...

... sind beliebte Dauerbrenner aus der Abteilung Trockenvorräte. Nehmen Sie für die schnelle Küche ruhig Kochbeutelreis und Instant-Couscous, die gelingen immer. Und verfeinert mit Nüssen, Früchten und Gemüse haben sie sogar das Zeug zum Hauptdarsteller.

Fix und Fertiges

Wenn es mal ganz schnell gehen muss, gibt es ja noch Fertiggerichte. Tüte, Dose oder Packung auf, ab in den Topf, einfacher geht's nicht! Und aufgepeppt mit den Rezeptideen ab Seite 121 sind Dosengulasch, TK-Hühnerfrikassee und TK-Pizza kaum wiederzuerkennen – und richtig gut!

Zwiebeln und Knoblauch ...

... geben vielen Gerichten ein rundes, würziges Aroma. Lagern Sie sie dunkel und kühl (aber nicht im Kühlschrank!), damit sie nicht austreiben. Mit Blitzhacker (s. S. 16) und Knoblauchpresse zerkleinert, sind sie im Nu einsatzbereit.

Eier

Kaufen Sie nur gute Eier aus Freilandhaltung vom Öko-Bauernhof. So viele Eier isst kein Mensch, dass der Preisunterschied zu den Eiern der gequälten Käfigkreaturen ins Gewicht fiele! Und frisch müssen sie sein, denn die Salmonellengefahr lauert leider in allen Eiern.

Milchprodukte

Milch, Sahne, Joghurt und Crème fraîche können Sie prima einmal die Woche besorgen, denn sie halten im Kühlschrank eine Weile. Nicht jedermanns Sache, aber gut für schwer beschäftigte Workaholics: pasteurisierte H-Milch und H-Sahne, die monatelang haltbar sind.

Gratinkäse

Geriebener Gouda, Mozzarella oder Bergkäse aus der Kühltheke eignet sich zum Überbacken von Gemüse, Nudelaufläufen oder Toast. Die Beutel sind meist wieder verschließbar, Sie können den Käse darin gut 8–10 Tage im Kühlschrank lagern. Reste können Sie in der Packung einfrieren.

Parmesan

Viele Fertig-Vorräte sind fabelhaft, bei Parmesan geht nichts über frisch geriebenen. Kaufen Sie ihn am Stück (hält im Kühlschrank 2–3 Monate) und reiben Sie ihn frisch über Pasta oder hobeln Sie mit dem Sparschäler (s. S. 17) Späne über Gemüse oder Salate. Herrlich!

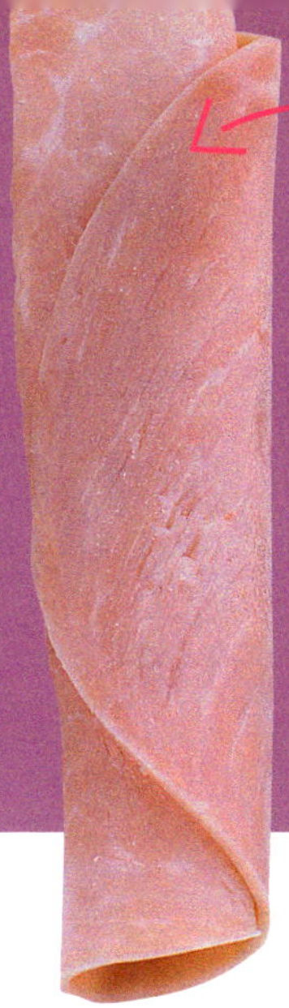

Schinken

Ob gekocht, geräuchert oder luftgetrocknet (z. B. Parma- und Serranoschinken) – Schinken lässt sich vielseitig einsetzen: pur auf dem Brot, als Belag auf der Pizza, als Salat-Topping oder in Pastagerichten. Vakuumverpackt hält er über Wochen im Kühlschrank.

einszwei:**Frische-Vorrat!**

Das sollten Sie zu Hause haben!

Nüsse und Samen

Mandeln, Walnüsse und Pinienkerne sorgen in vielen Gerichten, z. B. auch einfachen Salaten, für feinwürziges Aroma und knackigen Biss. Sie enthalten wertvolle Öle, sind daher auch sehr gesund. Am besten dunkel und kühl in Schraubgläsern aufbewahren und immer frisch rösten.

Kräuter

Stellen Sie sich Ihre Lieblingskräuter im Töpfchen auf die Fensterbank, frisch geerntet schmecken sie einfach am besten! TK-Kräuter (z. B. Petersilie, Basilikum, Schnittlauch, Dill) sind eine bequeme Alternative, denn sie lassen sich im Tiefkühlfach »ohne Pflege« monatelang lagern.

Aus der Flasche

Bitte dringend besorgen: die exotischen »Geschmacksverstärker« Sojasauce und Fischsauce (aus dem Asienladen) – und den Italo-Klassiker Aceto balsamico (nicht nur fein für die Salatvinaigrette, sondern auch zum Abschmecken von Suppen und Saucen).

Aus dem Glas

Instant-Gemüsebrühe, der Alleskönner für Suppen und Saucen, darf nicht fehlen. Zum schnellen Würzen: Ajvar (rotes Paprikapüree), Sambal oelek (sehr scharfe Chilipaste), geriebener Meerrettich und Tahina (Sesampaste; aus dem Bio- oder Orientladen).

Saft und Schale

Der Saft von Zitronen und Limetten verleiht Fisch, Salat und Saucen angenehme Säure. Auch die Schale (unbehandelter Früchte!) ist nicht zu verachten: Ihre ätherischen Öle sind ein Aroma-Plus für Saucen und Desserts. Besonders bequem: Limetten- und Zitronensaft aus der Flasche.

Aus der Tüte

Exoten-Tuning mit Currypasten: Die fixen Scharfmacher gibt's im Asienladen in Beutelchen (oder im Glas aus dem Asienregal im Supermarkt) in Rot, Grün und Gelb – je nach Schärfegrad und Aroma. Und ganz klassisch: Zucker – eine Prise der süßen weißen Körnchen »hebt« Suppen und Saucen.

einszwei:**Würzen!**

Gut gewürzt ist ... schon halb gekocht!

Aus der Dose

Die Grundausstattung an Gewürzdosen: gemahlener Kreuzkümmel für den Orient-Kick, getrockneter Thymian und Oregano fürs Provence-Feeling und gemahlener Safran oder Safranfäden aus dem Minidöschen.

Frisch oder getrocknet?

Frischer Ingwer ist Ingwerpulver aus der Dose immer vorzuziehen. Fein gehackt schmeckt die Wurzel ungleich aromatischer! Chilischoten gibt es im Ganzen frisch und getrocknet, wobei die getrockneten Schoten oft sogar noch schärfer sind als die frischen.

Aus der Tube

Ideal zum Dosieren und Aufheben in der Tube (nach dem Öffnen im Kühlschrank lagern!): Würzpasten wie Harissa (afrikanische Chilipaste; aus dem Supermarkt oder Orientladen), Tomatenmark und Sardellenpaste. Senf (am besten Dijon-Senf) gibt's wahlweise im Glas oder in der Tube.

Zum Mahlen und Reiben

Besser im Ganzen kaufen und frisch mahlen oder reiben: Muskatnuss – einfach eine Nuss in der Muskatnussreibe (s. auch Tipp S. 63) aufbewahren – und schwarzer oder weißer Pfeffer aus der Pfeffermühle. Cayennepfeffer aus Chilis gibt es nur fertig gemahlen.

Dosenöffner

Schon mal beim Campen probiert, eine Konserve ohne Dosenöffner aufzubekommen? Eben! Ein gutes Exemplar, mit dem Sie die Deckel sauber und ohne scharfe Kanten abbekommen, gehört zu den unverzichtbaren Küchenutensilien.

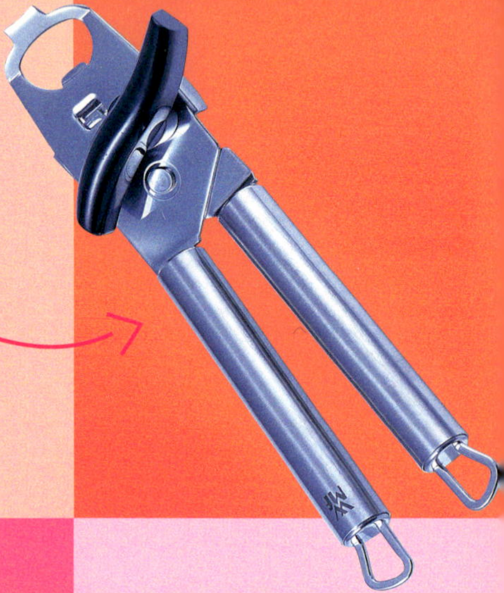

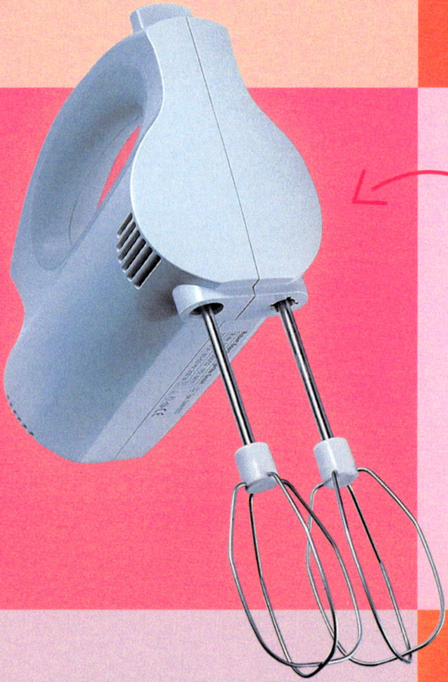

Blitzhacker

Er würfelt Zwiebeln (ratzfatz und ohne Tränen!), kriegt Nüsse und Kräuter klein – grob oder fein, ganz wie Sie's möchten. Wer ein Profi mit dem Messer ist, kann eventuell darauf verzichten. Für alle anderen ein exzellenter Küchenhelfer mit Turbo-Qualitäten.

Handrührgerät

Klar, ein Schneebesen tut's auch, aber das Handrührgerät ist eindeutig schneller und spart Muskelkraft. Wer übrigens Handrührgerät und Pürierstab neu anschaffen will, ist mit einem Kombi-Gerät aus Handmixer mit Pürierstab-Aufsatz bestens bedient.

Pürierstab

Cremige Suppen, feine Dips und schaumige Milchshakes – was haben wir eigentlich gemacht, bevor es ihn gab? Richtig, alles mühsam durch Siebe passiert, ewig fein gehackt und gerührt. Vorbei! Heute geht's ruckzuck mit dem Pürierstab. Achten Sie besonders darauf, dass er einfach zu reinigen ist!

Wasserkocher

Sie besitzen ohnehin einen fürs Teewasser? Umso besser. Blitzschnell und stromsparend erhitzen Sie damit Wasser für Tütensuppen, zum Überbrühen von Glasnudeln, Tomaten, Couscous etc. Wer (noch) keinen hat, erhitzt das Wasser in einem kleinen Topf auf dem Herd.

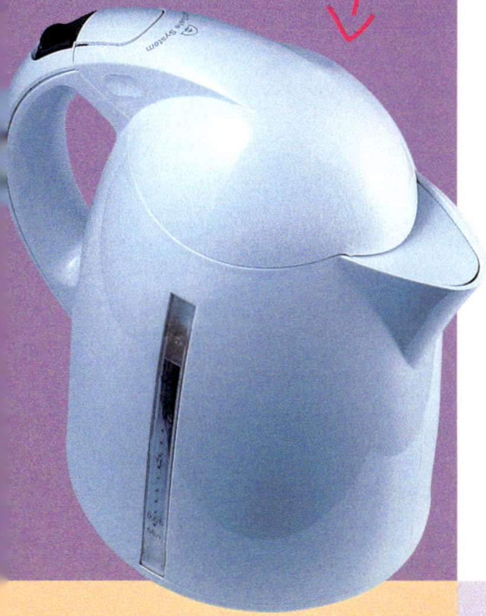

Eierschneider

Sie mögen keine harten Eier, wozu also ein Eierschneider? Nicht so schnell! Ein stabiles Modell schneidet mit einem Händedruck auch Champignons, Pellkartoffeln und Mozzarella – und das in perfekte, gleichmäßig dicke Scheiben.
Ist also vielleicht doch eine Überlegung wert, oder?

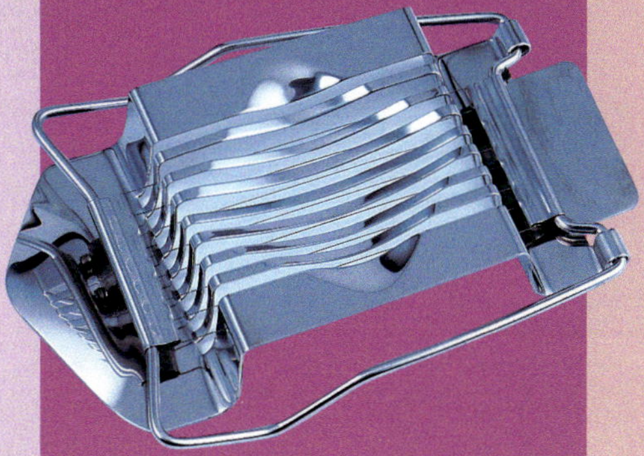

einszwei:**Geräte!**

Acht praktische Küchenhelfer mit Turbo-Effekt – unentbehrlich für die Ratzfatz-Küche!

Universalreibe

Gurkenscheiben, Gemüseraspel, abgeriebene Zitronenschale, geriebenen Käse: Irgendwas davon braucht man ständig beim Kochen. Besorgen Sie sich dafür eine Universalreibe, entweder ein Vierkantmodell wie auf dem Foto oder eine mit auswechselbaren Einsätzen.

Sparschäler

Selbst Küchenprofis schälen damit Kartoffeln, Gurken, Spargel und Möhren schneller und feiner als mit dem Messer. Wählen Sie ein Modell, bei dem die Klinge quer zum Griff angebracht ist. Funktioniert am besten, und auch Linkshänder haben keine Ausrede, sich vorm Mithelfen zu drücken!

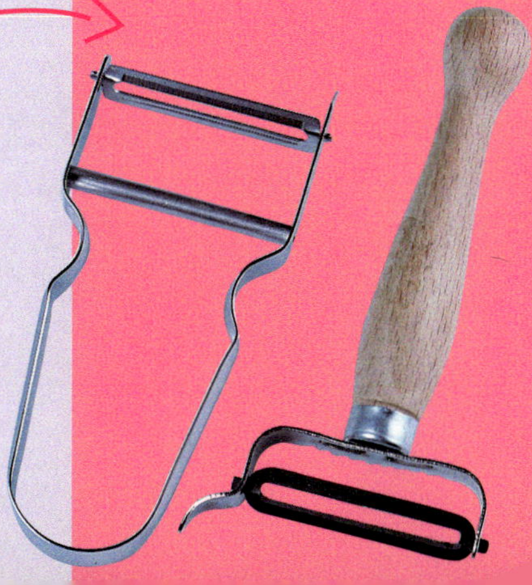

einszwei:Rezepte!

Ratzfatz kochen und genießen

Columbus®
Gütegeprüft
durch VPA

:aus der Konserve

Dosenfutter? Ja bitte! Wir möchten Ihnen hier unsere Hitliste der so genannten »Dauerkonserven« vorstellen: alles echte Stars mit ganz besonderen Küchen-Qualitäten. Und dazu eine Menge blitzschnelle, köstliche, raffinierte und – tja, da staunen Sie – gesunde Rezepte!

Da ist zum Beispiel die **Dosentomate:** Die hat im Süden extra viel Sonne getankt, bevor sie richtig rot und prall geerntet wurde. Dann kommt sie, nur kurz überbrüht und gehäutet, als Naturschönheit in die Dose – und lässt so jede Treibhaustomate in puncto Vitamin- und Bioaktivstoffgehalt ganz alt aussehen!

Auch starke Partner in der Dose: Hülsenfrüchte wie **Bohnen** und **Kichererbsen.** Anders als bei ihren getrockneten Artgenossen kann man sich bei ihnen die zeit- und planungsaufwändige Einweichprozedur schenken. All ihre gesunden Inhalts- und Ballaststoffe haben sie nämlich auch in der Dose dabei!

Ein echter Super-Fang für die schnelle Küche: der **Dosentunfisch** (er wird heute übrigens überwiegend delfinfreundlich gefangen – achten Sie aber unbedingt auf den entsprechenden Aufdruck). Er enthält wichtige essenzielle Fettsäuren, das Gute-Laune-Vitamin D und eine Extraportion Calcium – also alles Gute vom Fisch und das »trotz« Dose ...

Und für alle Naschkatzen gibt's noch einen süßen Geheimtipp: **Mango-Pulp** aus der Dose. Das leuchtend orangefarbene Fruchtpüree aus dem Asienladen lässt sich völlig unproblematisch und vielseitig zu turboschnellen Desserts verarbeiten. Und weil die Früchte reif geerntet und gleich zerkleinert werden, schmeckt das exotische Püree so richtig intensiv nach Sommer und Sonne.

So – und jetzt ganz schnell ab in die Küche und den Dosenöffner zur Hand: Auf die **Dose,** fertig, los!

schneller Mittelmeer-Burger
Tunfisch-Panini

Für 2 Personen: 1 kleine Dose naturell eingelegter Tunfisch (56 g Abtropfgewicht) | 2 Hamburger-Brötchen mit Sesam (Fertigprodukt) | 4 EL Mayonnaise | 1 Bund Rucola | 1 Fleischtomate | 2 EL Olivenöl
Zum Würzen: 1 EL Zitronensaft | Salz | Pfeffer

Zubereitungszeit: ca. 15 Min.
Pro Portion ca. 455 kcal | 1905 kJ | 9 g EW | 36 g F | 22 g KH

einszwei:Resteverwertung!
Die restliche Tomate einfach klein würfeln, mit Aceto balsamico, Salz, Pfeffer und Olivenöl würzig anmachen und als »schmackige« Deko zu den Panini reichen.

1 Den Tunfisch aus der Dose in ein Sieb geben und abtropfen lassen. Die Hamburger-Brötchen quer aufschneiden und jede Hälfte mit 1 EL Mayonnaise bestreichen.

2 Die Rucola waschen und trockenschütteln, die groben Stiele abschneiden. Die Tomate waschen. 2 Scheiben aus der Mitte der Tomate schneiden, Stielansatz entfernen. Tunfisch in einer kleinen Schüssel mit Zitronensaft, Salz und Pfeffer würzen, alles gut vermischen. Die Tunfischmasse auf den unteren Brötchenhälften verteilen und leicht andrücken. Rucola und Tomatenscheiben darauf legen, nochmals salzen und pfeffern. Obere Brötchenhälften darauf setzen und die Brötchen leicht flach drücken.

3 Das Olivenöl in einer Pfanne erhitzen, die Tunfisch-Panini hineingeben und bei schwacher Hitze von jeder Seite 2–3 Min. goldbraun braten. Gebratene Panini herausnehmen, einmal halbieren und gleich servieren.

mit Gemüse-Konfetti
Toskana-Bohnen-Salat mit Tunfisch

Für 2 Personen: 1 Dose weiße Riesenbohnen (250 g Abtropfgewicht) | 1 Dose Tunfisch in Öl (140 g Abtropfgewicht) | 1 kleine Salatgurke | 1 Tomate | 1 kleine gelbe Paprikaschote | 3–4 Zweige Petersilie
Für das Dressing: 2 EL Aceto balsamico | 3 EL Zitronensaft | Salz | Cayennepfeffer | 2 EL Olivenöl

Zubereitungszeit: ca. 15 Min.
Pro Portion ca. 440 kcal | 1840 kJ | 25 g EW | 26 g F | 23 g KH

1 Bohnen aus der Dose in ein Sieb abgießen, kalt abspülen, gut abtropfen lassen. Tunfischdose öffnen und überschüssiges Öl vorsichtig abgießen. Tunfisch und Bohnen in einer großen Schüssel gut vermischen.

2 Gurke waschen und längs halbieren. Kerne mit einem Teelöffel herauskratzen, Gurkenhälften klein würfeln. Tomate waschen, halbieren, Stielansatz und Kerne entfernen (s. Tipp S. 101). Tomatenhälften ebenfalls klein würfeln. Paprikaschote waschen, längs halbieren, Trennwände und Kerne entfernen. Schotenhälften ebenfalls klein würfeln. Die Petersilie waschen und trockenschütteln, die Blättchen abzupfen und fein hacken.

3 Gurken-, Tomaten- und Paprikawürfelchen mit der Petersilie unter die Tunfisch-Bohnen mischen. Erst Aceto balsamico, Zitronensaft, Salz und Cayennepfeffer unterrühren, dann das Öl untermischen. Den Toskana-Bohnen-Salat auf zwei Teller verteilen und mit etwas Cayennepfeffer bestreut servieren.

Weiteres einszwei-Rezept mit Tunfisch aus der Dose: *Pasta mit sizilianischem Tunfisch-Sugo_Seite 41*

aus der hauseigenen »Sterne«-Küche

Lachsröllchen mit Champagnerkraut

Für 2 Personen:
1 Dose Champagnerkraut (vorgegart; 350 g Abtropfgewicht)
150 g Graved Lax (in Dill und Salz eingelegter Lachs; aus dem Kühlregal)
1 Bund Schnittlauch | 2 EL Butter
3 EL Crème double

Zum Würzen:
Salz | Pfeffer

Außerdem:
1 Auflaufform

Zubereitungszeit: ca. 20 Min.
Pro Portion ca. 365 kcal | 1530 kJ | 16 g EW | 31 g F | 4 g KH

einszwei:Und der Rest?
Das restliche Kraut können Sie einfach in einer Plastikschüssel mit Deckel im Kühlschrank aufbewahren – und am nächsten Tag z. B. einen blitzschnellen Sauerkraut-Salat (s. S. 35) daraus machen. Übrig gebliebene Schnittlauchröllchen schmecken superlecker auf frischem Brot mit Butter und Salz.

1 Den Backofen auf 200° (Umluft 180°) vorheizen. Die Hälfte des Krauts aus der Dose in ein Sieb geben und abtropfen lassen. Die Graved-Lax-Scheiben vorsichtig mit einem Messer voneinander lösen und auf der Arbeitsfläche ausbreiten.

2 Den Schnittlauch waschen, mit Küchenpapier trockentupfen und in Röllchen schneiden. Das Kraut mit der Butter in einem Topf bei schwacher Hitze erwärmen. Mit Salz und Pfeffer abschmecken. Auf die Mitte jeder Lachsscheibe ca. 1 EL Kraut geben. Die Lachsscheiben locker über der Füllung wie kleine Tüten zusammenrollen und nebeneinander in eine Auflaufform legen.

3 Die Lachsröllchen mit Crème double beträufeln und im heißen Backofen (Mitte) 5–6 Min. überbacken. Die Form aus dem Ofen nehmen, die Lachsröllchen mit Schnittlauch bestreuen und gleich servieren.

einszwei:Feine Beilage!
Servieren Sie zu den Lachsröllchen doch mal Blinis, kleine russische Buchweizenpfannkuchen: Die gibt es – schon vorgebacken und eingeschweißt – im Kühlregal in gut sortierten Lebensmittelgeschäften.

Weitere einszwei-Rezepte mit Sauerkraut aus der Dose:
Russischer Sauerkraut-Salat_Seite 35 · Sauerkraut-Suppe_Seite 35

Fingerfood aus der Pfanne

Chilibohnen-Tortilla-Pizza

Für 2 Personen:
1 Dose Baked Beans (weiße Bohnen in Tomatensauce; 400 g Inhalt)
3 EL Chili-Chicken-Sauce
4 EL geriebener Gratinkäse
(Gouda; aus dem Kühlregal)
4 Weizen-Tortillas (Fertigprodukt)
2 EL Öl

Zubereitungszeit: ca. 15 Min.
Pro Portion ca. 585 kcal | 2450 kJ | 14 g EW | 18 g F | 41 g KH

einszwei:Käse in der Tüte!
Den übrigen geriebenen Käse am besten in der Originaltüte mit einem Küchenclip (gibt's in Haushaltswarengeschäften) verschließen, im Kühlschrank aufbewahren – und z. B. mal statt Parmesan zur Pastasauce servieren!

1 Die Baked Beans aus der Dose in ein Sieb abgießen und die überschüssige Sauce abtropfen lassen.

2 Die Bohnen in eine Schüssel geben und mit der Chili-Chicken-Sauce und dem geriebenen Käse vermischen. Die Bohnenmasse auf 2 Tortillas verteilen, dabei einen jeweils ca. 1 cm breiten Rand lassen. Die beiden restlichen Tortillas auf die Bohnen legen, gut andrücken.

einszwei:Allrounder!
Wer einmal mit der süßen Chilisauce gekocht hat, möchte sie auf keinen Fall mehr missen: Schon 1 EL bringt richtig Schwung in jede Sauce und einfach »so« ist sie ein superschneller Dip! Wenn Sie keinen Asienladen oder Supermarkt mit Asia-Abteilung in der Nähe haben, können Sie sich exotische Lebensmittel wie die Chili-Chicken-Sauce übrigens auch problemlos im Internet bestellen, z. B. über www.gourmondo.de.

3 In zwei Pfannen je 1 EL Öl erhitzen, die Tortilla-Pizzen hineingeben und darin bei mittlerer Hitze 2–3 Min. braten, dann vorsichtig mit einem Pfannenwender umdrehen und weitere 2–3 Min. braten. Die Pizzen aus den Pfannen auf Teller gleiten lassen, mit einem scharfen Messer wie Kuchen in Stücke schneiden und mit den Händen essen.

einszwei:Nur eine Pfanne?
So geht's natürlich auch: Tortilla-Pizzen nacheinander braten und jeweils gemeinsam verspeisen …

echt »Bollywood«-Style

Indische Tomaten-Kokos-Suppe

Für 2 Personen:
1 Dose geschälte Tomaten (240 g Abtropfgewicht)
1 Dose Kokosmilch (400 ml)
1 Stück frischer Ingwer (ca. 2 cm)
1 EL Öl | 1 EL rote Currypaste

Zum Würzen:
1 TL gekörnte Gemüsebrühe
1/2 TL gemahlener Kreuzkümmel
Sambal oelek (scharfe Chilipaste)
2 EL Limettensaft
Zucker | Salz

einszwei:Zauberwurzel!
Frischer Ingwer gibt exotischen Gerichten den unverwechselbaren, süßlich-scharfen Geschmack. Kaufen Sie gleich ein 10–12 cm großes Wurzelstück im Asienladen oder im Supermarkt und lagern Sie es an einem dunklen, kühlen Ort (jedoch nicht im Kühlschrank).

Zubereitungszeit: ca. 15 Min.
Pro Portion ca. 400 kcal | 1675 kJ | 7 g EW | 35 g F | 11 g KH

einszwei:Kräuterkick!
Für noch mehr Asia-Aroma bestreuen Sie die Suppe mit frisch gehackten Korianderblättchen.

1 Die Tomaten aus der Dose in ein Sieb geben und abtropfen lassen. Die Kokosmilchdose öffnen.

2 Den Ingwer mit dem Sparschäler (s. S. 17) schälen und mit einem Messer fein hacken. 1 EL Öl in einem hohen Topf erhitzen, den Ingwer und die Currypaste darin bei schwacher Hitze 1–2 Min. unter Rühren anbraten. Die Kokosmilch und die Tomaten dazugeben und alles mit dem Pürierstab fein pürieren.

3 Gekörnte Gemüsebrühe und Kreuzkümmel zur Suppe geben. Einmal aufkochen und bei schwacher Hitze 5–6 Min. leise kochen lassen. Mit Sambal oelek, Limettensaft, 1–2 Prisen Zucker und Salz abschmecken. Auf zwei Suppenschalen verteilen und servieren.

einszwei:Schnelle Knusper-Fladen!
Köstlich zur Suppe (und natürlich auch zu anderen Asia-Gerichten): Papadams – vorgebackene, hauchdünne indische Linsenfladen, die Sie nur noch nach Packungsanweisung in der Pfanne oder im vorgeheizten Ofen kurz aufbacken müssen.

Weitere einszwei-Rezepte mit Kokosmilch aus der Dose: *Schweinefilet in Limetten-Kokos-Sauce_Seite 47 Asia-Nudelpfanne mit Hähnchen_Seite 77 · Blumenkohl-Erbsen-Curry_Seite 79*

Fisherman's friend ...

Calamaritopf mit Tomaten und Erbsen

Für 2 Personen:
150 g TK-Erbsen | 200 g küchenfertige TK-Tintenfischringe (naturell, nicht paniert)
1 Dose geschälte Tomaten (240 g Abtropfgewicht)
1 große weiße Zwiebel
1 Knoblauchzehe | 1 EL Öl

Zum Würzen:
3 EL Ajvar (rotes Paprikapüree)
2 EL TK-Basilikum
Salz | Pfeffer
1–2 EL Aceto balsamico
2 EL Zitronensaft

einszwei:Flugs verwandelt!
Tomaten-Lieblingssauce »Rapido-Arrabbiata« blitzschnell gemacht: 1 Zwiebel und 1 Knoblauchzehe schälen, fein hacken und in 1 EL Öl anbraten. Dosentomaten dazu, leicht zerdrücken und mit 1 TL gekörnter Brühe, 1 Prise Zucker, 1 EL Aceto balsamico und 2–3 Prisen Salz würzen. Mit Sambal oelek (scharfe Chilipaste) nach Geschmack schärfen, alles mit dem Pürierstab pürieren – fertig!

Zubereitungszeit: ca. 20 Min. | Garzeit: ca. 15 Min.
Pro Portion ca. 250 kcal | 1045 kJ | 22 g EW | 6 g F | 27 g KH

1 Die Erbsen aus dem Tiefkühlfach nehmen, auf einen Teller geben und antauen lassen (s. S. 55). Die Tintenfischringe ebenfalls aus dem Tiefkühlfach nehmen und in einem Sieb antauen lassen. Die Tomatendose öffnen.

2 Die Zwiebel schälen, längs halbieren und in Spalten schneiden. Die Knoblauchzehe schälen und fein hacken.

3 Das Öl in einem Topf erhitzen, die Zwiebel und den Knoblauch darin bei mittlerer Hitze 3–4 Min. dünsten. Die Tomaten mit Saft dazugeben und mit einer Gabel leicht zerdrücken. 5 EL Wasser dazugießen. Die Erbsen und Tintenfischringe unterrühren. Mit Ajvar, Basilikum, Salz und Pfeffer würzen und alles bei schwacher Hitze 12–15 Min. leise kochen lassen, dabei mehrmals umrühren. Mit Aceto balsamico, Zitronensaft, Salz und Pfeffer nochmals abschmecken und servieren.

einszwei:Suppe, Eintopf oder Sugo?
Der Calamaritopf schmeckt auf vielerlei Weise: als feine Fischsuppe mit frischem Baguette, als Mittelmeer-Eintopf mit Langkorn-Schnellkochreis – oder als würziger Sugo zu Spaghetti!

Kuba satt mit 8 Zutaten

Kubanischer Kichererbsentopf

Für 2 Personen:
1 Dose Kichererbsen (265 g Abtropfgewicht)
2 gestrichene TL gekörnte Gemüsebrühe
1 große Zwiebel | 1 Knoblauchzehe
2 Minutensteaks vom Schwein (je ca. 150 g)
1 Fleischtomate | 1 reife Avocado (ca. 300 g) | 2 EL Öl

Zum Würzen:
1/2 TL Harissa (Chilipaste) | 2–3 Prisen gemahlener Kreuzkümmel | 3 EL Limettensaft | Salz | 3 EL TK-Petersilie

Zubereitungszeit: ca. 20 Min. | Garzeit: ca. 8 Min.
Pro Portion ca. 695 kcal | 2910 kJ | 37 g EW | 37 g F | 4 g KH

einszwei:Kalte Küche!
Für einen Kichererbsendip vom Feinsten 1 Dose abgetropfte Kichererbsen mit 1 EL Tahina-Paste (Sesampaste; aus dem Bio- oder Orientladen), 1 TL Harissa (Chilipaste) und je 3 EL Limettensaft, Olivenöl und Gemüsebrühe mit dem Pürierstab fein pürieren und mit Salz würzen: einfach köstlich zu Gemüse-Sticks, frischem Fladenbrot oder kurz gebratenem Fleisch und Fisch.

1 Die Kichererbsen aus der Dose in ein Sieb abgießen, kalt abspülen und abtropfen lassen. Reichlich Wasser im Wasserkocher erhitzen, 400 ml in einen Messbecher füllen, die gekörnte Gemüsebrühe unterrühren (das restliche heiße Wasser nicht wegschütten, Sie brauchen es noch zum Überbrühen und Häuten der Fleischtomate!).

2 Die Zwiebel schälen, längs halbieren und in feine Spalten schneiden. Den Knoblauch schälen und fein hacken. Die Steaks abtupfen und in 1–2 cm große Stücke schneiden. Die Tomate häuten und vierteln, Kerne und Stielansatz entfernen. Das Fruchtfleisch würfeln. Die Avocado längs halbieren, die Hälften gegeneinander verdrehen, auseinander lösen und den Kern entfernen. Die Schale von den Avocadohälften abziehen. Das Fruchtfleisch fein würfeln und sofort mit 1 EL Limettensaft beträufeln (s. Tipp S. 101).

einszwei:Tomaten häuten!
Tomaten mit einem spitzen Messer kreuzweise einritzen, in einer hitzebeständigen Schüssel mit kochend heißem Wasser (aus dem Wasserkocher) überbrühen, 2–3 Min. ziehen lassen, abgießen, kalt abspülen. Jetzt lässt sich die Haut mit einem kleinen Messer ganz leicht abziehen!

3 Das Öl in einem Topf erhitzen. Die Zwiebel, den Knoblauch und das Fleisch darin bei mittlerer Hitze 3–4 Min. unter Rühren anbraten. Die Kichererbsen, die Tomate und die Gemüsebrühe dazugeben und alles zum Kochen bringen. Mit Harissa und Kreuzkümmel würzen und bei schwacher Hitze 6–8 Min. leise kochen lassen. Mit dem restlichen Limettensaft und Salz abschmecken, die Petersilie unterrühren. Kurz vor dem Servieren die Avocado untermischen.

Weiteres einszwei-Rezept mit Kichererbsen aus der Dose:
Couscous-Salat mit Kichererbsen_Seite 39

Winter-Fitmacher

Russischer Sauerkraut-Salat

Für 2 Personen: 2 EL Kürbiskerne (s. Tipp S. 65) | 1 Dose Champagnerkraut (350 g Abtropfgewicht)
1 kleiner Apfel mit roter Schale | 2 Frühlingszwiebeln | 2 EL Naturjoghurt (0,1 % Fett) | 1 EL Mayonnaise
Zum Würzen: 1/2 TL geriebener Meerrettich | Zucker | Salz | Pfeffer

Zubereitungszeit: ca. 15 Min.
Pro Portion ca. 170 kcal | 710 kJ | 6 g EW | 11 g F | 15 g KH

1 Die Kürbiskerne in einer Pfanne ohne Fett rösten (s. Tipp S. 113), herausnehmen und beiseite stellen. Das Sauerkraut aus der Dose in eine Schüssel geben und mit einer Gabel auflockern.

2 Den Apfel waschen und vierteln, das Kerngehäuse entfernen. Die Apfelviertel auf der Universalreibe oder dem Gemüsehobel quer in feine Scheibchen hobeln. Von den Frühlingszwiebeln welke Blätter und Wurzelansätze abschneiden, den Rest waschen und in feine Ringe schneiden.

3 Die Apfelscheibchen und Frühlingszwiebelringe unter das Sauerkraut mischen, den Joghurt und die Mayonnaise unterrühren. Mit Meerrettich, 1–2 Prisen Zucker, Salz und Pfeffer würzen, alles noch einmal gut durchmischen. Den Sauerkraut-Salat auf zwei Tellern anrichten, mit den Kürbiskernen bestreuen und servieren.

einszwei:Superstar Sauerkraut!
Auch aus der Dose ist Sauerkraut besonders gesund! Es hat wenig Kalorien, viele Ballaststoffe und neben Vitamin A, B-Vitaminen und Folsäure extra viel Vitamin C.

heiß – und seeehr »schlank«!

Sauerkraut-Suppe

Für 2 Personen: 1 Dose vorgegartes Sauerkraut (z. B. »3 Minuten«-Mildes Weinsauerkraut von Hengstenberg; 350 g Abtropfgewicht) | 1 Dose kleine Champignons (1. Wahl; 170 g Abtropfgewicht) | 2 gestrichene TL gekörnte Gemüsebrühe | 1 Zwiebel | 1 Knoblauchzehe | 1 EL Öl
Zum Würzen: 2 EL Ajvar (rotes Paprikapüree) | 2 EL Zitronensaft | Zucker | Salz

Zubereitungszeit: ca. 15 Min.
Pro Portion ca. 120 kcal | 500 kJ | 5 g EW | 6 g F | 11 g KH

1 Die Sauerkraut- und die Champignonsdose öffnen. Die Champignons aus der Dose in ein Sieb abgießen und abtropfen lassen. 400 ml Wasser im Wasserkocher erhitzen, in einen Messbecher umfüllen, die gekörnte Gemüsebrühe unterrühren.

2 Die Zwiebel und die Knoblauchzehe schälen und fein hacken.

einszwei:Erste Sahne!
Geben Sie am besten noch je 1 EL Crème fraîche auf die Suppe.

3 Das Öl in einem Topf erhitzen, die Zwiebel und den Knoblauch darin bei mittlerer Hitze 1–2 Min. unter Rühren anbraten. Die Champignons und das Sauerkraut untermischen. Gemüsebrühe angießen, den Ajvar unterrühren. Alles einmal aufkochen und 4–5 Min. leise kochen lassen. Mit Zitronensaft, 1–2 Prisen Zucker und Salz abschmecken. Die Suppe auf zwei tiefe Teller verteilen.

Weiteres einszwei-Rezept mit Sauerkraut aus der Dose: *Lachsröllchen mit Champagnerkraut_Seite 25*

kanarienbunter Sattmacher

Teneriffa-Salat

Für 2 Personen:
1 Dose Bio-Maiskörner (285 g Abtropfgewicht)
100 g halbfester Ziegenschnittkäse (aus dem Kühlregal)
3–4 Zweige Basilikum
1 reife Papaya (ca. 500 g)
1 reife Avocado (ca. 300 g)

Für das Dressing:
6 EL Limettensaft
4 EL Orangensaft | Salz
Cayennepfeffer
2 EL Olivenöl

einszwei:Reif?
Reife Papaya sind gelb-orange und geben auf leichten Druck mit den Fingern nach. Letzteres tun auch reife Avocados. Sie haben eine steinharte Avocado erwischt? Macht nichts: In Zeitungspapier wickeln und an einem dunklen Ort 1–2 Tage nachreifen lassen.

Zubereitungszeit: ca. 15 Min.
Pro Portion ca. 730 kcal | 3055 kJ | 19 g EW | 52 g F | 47 g KH

1 Den Mais aus der Dose in ein Sieb abgießen und abtropfen lassen. Den Ziegenkäse entrinden und in Scheibchen schneiden.

2 Das Basilikum waschen und trockenschütteln, die Blättchen von den Stielen zupfen. Die Papaya längs halbieren und die schwarzen Kerne mit einem Löffel herauskratzen. Die Hälften mit dem Sparschäler (s. S. 17) schälen und das Fruchtfleisch quer in Spalten schneiden. Die Avocado längs halbieren, die Hälften gegeneinander verdrehen, auseinander lösen und den Kern entfernen. Die Schale von den Avocadohälften abziehen und das Fruchtfleisch längs in Spalten schneiden.

3 Mais, Papaya und Avocado nebeneinander dekorativ auf zwei großen Tellern anrichten. Für das Dressing Limettensaft, Orangensaft, Salz und Cayennepfeffer in einem Schüsselchen mischen, das Olivenöl unterrühren. Mais, Papaya und Avocado mit der Sauce beträufeln und mit Käsescheibchen und Basilikumblättchen bestreut servieren.

Weiteres einszwei-Rezept mit Mais aus der Dose:
Maiskolben mit Asia-Butter_Seite 45

auch schön fürs Party-Büfett

Couscous-Salat mit Kichererbsen

Für 2 Personen:
1 Dose Kichererbsen (265 g Abtropfgewicht)
1 gestrichener TL gekörnte Gemüsebrühe
150 g Instant-Couscous
10 Cocktailtomaten
60 g italienische Salami (am Stück)
3 Frühlingszwiebeln

Für das Dressing:
4 EL Zitronensaft
1 TL Harissa (Chilipaste)
Salz | Pfeffer
2 EL Olivenöl extra vergine (s. S. 69)

einszwei:Party-Time!
Dieser Salat ist auch als kulinarisches Party-Mitbringsel bestens geeignet: Sie können ihn ganz einfach auf die erforderliche Menge hochtunen – und außerdem ohne Probleme schon Stunden vorher zubereiten!

Zubereitungszeit: ca. 20 Min. | Zeit zum Durchziehen: ca. 10 Min.
Pro Portion ca. 665 kcal | 2785 kJ | 29 g EW | 24 g F | 85 g KH

1 Die Kichererbsen aus der Dose in ein Sieb abgießen, kalt abspülen und abtropfen lassen. 200 ml Wasser im Wasserkocher zum Kochen bringen und in eine große hitzebeständige Schüssel gießen, die gekörnte Gemüsebrühe unterrühren. Den Couscous abwiegen, einstreuen, gut durchmischen und 4–5 Min. quellen lassen.

2 Die Cocktailtomaten waschen und längs halbieren. Von der Salami die Haut abziehen, die Salami erst in dicke Scheiben schneiden, dann sehr fein würfeln. Von den Frühlingszwiebeln welke Blätter und Wurzelansätze abschneiden, den Rest waschen und in feine Ringe schneiden.

3 Die Kichererbsen zum Couscous geben und gut untermischen. Tomaten, Salami und Frühlingszwiebeln ebenfalls untermengen. Zitronensaft, Harissa, Salz, Pfeffer und Olivenöl in einem Schüsselchen verrühren. Das Dressing unter den Couscous mischen. Den Couscous-Salat ca. 10 Min. bei Zimmertemperatur ziehen lassen, auf zwei Teller verteilen und servieren.

Weiteres einszwei-Rezept mit Kichererbsen aus der Dose: *Kubanischer Kichererbsentopf_Seite 33*

Pasta mit sizilianischem Tunfisch-Sugo

Für 2 Personen:
1 Dose Tunfisch in Öl (140 g Abtropfgewicht) | 1 Dose geschälte Tomaten (240 g Abtropfgewicht)
4 Frühlingszwiebeln | 1 Knoblauchzehe | 1 EL Öl | 250 g Pasta (z. B. Penne)

Zum Würzen:
1/2 TL getrockneter Oregano | 1 EL Sardellenpaste | 1 EL Aceto balsamico | Salz | Cayennepfeffer

Zubereitungszeit: ca. 20 Min.
Pro Portion ca. 735 kcal | 3075 kJ | 36 g EW | 22 g F | 98 g KH

1 Den Tunfisch aus der Dose in ein Sieb geben und abtropfen lassen. Die Tomatendose öffnen.

2 Von den Frühlingszwiebeln welke Blätter und Wurzelansätze abschneiden, den Rest waschen und in feine Ringe schneiden, 2 EL beiseite legen. Den Knoblauch schälen und fein hacken. Das Öl in einem Topf erhitzen, die Frühlingszwiebeln und den Knoblauch darin bei mittlerer Hitze 2–3 Min. unter Rühren anbraten. Tunfisch und Dosentomaten dazugeben, alles mit einer Gabel leicht zerdrücken und gründlich vermischen. Die Sauce mit Oregano und Sardellenpaste würzen und bei schwacher Hitze 6–8 Min. leise kochen lassen.

3 Reichlich Wasser im Wasserkocher zum Kochen bringen, in einen großen Topf umfüllen, auf dem Herd wieder aufkochen lassen und salzen. Die Pasta darin nach Packungsanweisung bissfest garen, in ein Sieb abgießen und kurz abtropfen lassen. Die Sauce mit Aceto balsamico, Salz und Cayennepfeffer abschmecken. Die Nudeln mit dem Tunfisch-Sugo auf zwei Teller verteilen und mit den restlichen Frühlingszwiebelringen bestreut servieren.

einszwei:Feiner Begleiter!
Käse zu Fisch? Schmeckt viel besser, als man glaubt: Bestreuen Sie Pasta und Sugo mal mit frisch gehobeltem Parmesan (s. auch Tipp S. 137) – hmmmm …

einszwei:Tunfisch aufs Brot! *1 Dose naturell eingelegten Tunfisch (140 g Abtropfgewicht) mit 3 EL Frühlingszwiebelringen, 4 EL Zitronensaft, 2 EL kleinen Kapern (aus dem Glas) und 2 EL Mayonnaise in einer Schüssel vermischen, mit Salz und Cayennepfeffer kräftig abschmecken. Tunfischpaste auf leicht geröstete oder getoastete Baguettescheiben streichen, mit je 1 Kapernapfel (aus dem Glas) anrichten.*

Weitere einszwei-Rezepte mit Tunfisch aus der Dose:
Tunfisch-Panini_Seite 23 · Toskana-Bohnen-Salat mit Tunfisch_Seite 23

Zubereitung:
siehe Rückseite
Sie brauchen:
- 250 ml Tomatensaft
- 1 Zwiebel
- 1 TL Gemüse-
Kraftbouillon

da kommt einem Italien ganz spanisch vor ...

Pasta-Paella

Für 2 Personen:
1 Packung TK-Pfannen-Gemüse »Italienisch« (400 g)
1 Dose geschälte Tomaten (240 g Abtropfgewicht)
1 gehäufter TL gekörnte Gemüsebrühe
1 Zwiebel
1 EL Olivenöl
150 g sehr kleine Hartweizennudeln
(z. B. Ditalini oder Gobbetti Nr. 51)

Zum Würzen:
1 Döschen gemahlener Safran (0,1 g)
2 EL Ajvar (rotes Paprikapüree)
Salz | Pfeffer
2–3 EL Zitronensaft

einszwei:Mini-Nudeln!
Extrakleine Nudeln finden Sie in den Lebensmittelabteilungen von Kaufhäusern und großen Supermärkten oder in italienischen Feinkostläden. Sie können auch mal ohne Vorkochen gleich in der Sauce mitgegart werden, weil sie nicht so viel Flüssigkeit brauchen wie ihre großen Verwandten.

Zubereitungszeit: ca. 20 Min. | Garzeit: ca. 12 Min.
Pro Portion ca. 585 kcal | 2450 kJ | 16 g EW | 14 g F | 83 g KH

1 Das TK-Gemüse aus dem Tiefkühlfach nehmen und in der Packung antauen lassen (s. S. 55). Die Tomatendose öffnen. 1/4 l Wasser im Wasserkocher erhitzen, in einen Messbecher umfüllen, die gekörnte Gemüsebrühe unterrühren.

2 Die Zwiebel schälen und im Blitzhacker (s. S. 16) oder mit einem großen Messer fein hacken. Das Olivenöl in einer Pfanne erhitzen, die Zwiebelwürfel darin bei mittlerer Hitze 2–3 Min. unter Rühren anbraten. Das Gemüse (ohne den Würz-Mix!) dazugeben und 2–3 Min. mitdünsten. Die Dosentomaten mit Saft dazugeben und mit einer Gabel leicht zerdrücken. Die Gemüsebrühe angießen und alles einmal aufkochen lassen. Die Nudeln gründlich untermischen, mit Safran, Ajvar, Salz und Pfeffer würzen.

3 Alles bei schwacher Hitze 10–12 Min. (je nach Garzeit der Nudeln, siehe Packungsanweisung) leise kochen lassen, dabei mehrmals gut durchrühren. Die Pasta-Paella mit Zitronensaft, Salz und Pfeffer abschmecken, glatt streichen und in der Pfanne servieren.

einszwei:Mit Fisch und Fleisch!
Für noch mehr Paella-Feeling einfach 100 g grob gewürfeltes Hähnchenbrustfilet und 50 g Shrimps (aus dem Kühlregal) mit der Zwiebel anbraten.

raffinierter Knabberspaß

Maiskolben mit Asia-Butter

Für 2 Personen:
60 g Butter
1 Dose Maiskolben
(4 Stück; 500 g Abtropfgewicht)
2 Frühlingszwiebeln
1 Stück frischer Ingwer
(ca. 2 cm; s. Tipp S. 29)
1 EL Öl

Zum Würzen:
1 TL Sambal oelek (scharfe Chilipaste)
Salz

Außerdem:
8 Holzzahnstocher

Zubereitungszeit: ca. 20 Min.
Pro Portion ca. 360 kcal | 1505 kJ | 4 g EW | 31 g F | 20 g KH

einszwei:Butter aufs Brot!
Unbedingt mal probieren: Asia-Butter auf Vorrat zubereiten, im Kühlschrank aufbewahren und als Aufstrich zu geröstetem Weißbrot servieren.

einszwei:Maiskolben »italiana«!
Auch ratzfatz und lecker: 4 Maiskolben mit je 2 EL Olivenöl, Butter und fein gehackten Basilikumblättchen sowie 2 geschälten und in Scheiben geschnittenen Knoblauchzehen in einer Pfanne bei schwacher Hitze rundherum 5–6 Min. braten, salzen und wie beschrieben anrichten.

1 Die Butter rechtzeitig aus dem Kühlschrank nehmen und in einer Schüssel weich werden lassen. Die Maiskolben aus der Dose nehmen und mit Küchenpapier trockentupfen.

2 Von den Frühlingszwiebeln welke Blätter und Wurzelansätze abschneiden, den Rest waschen und sehr fein hacken. Den Ingwer mit dem Sparschäler (s. S. 17) schälen und ebenfalls ganz fein hacken. Frühlingszwiebeln und Ingwer mit Sambal oelek und 3–4 Prisen Salz gründlich unter die weiche Butter mischen.

3 Das Öl in einer beschichteten Pfanne erhitzen und die Maiskolben darin bei schwacher Hitze rundherum 5–6 Min. anbraten. Die Asia-Butter zu den Maiskolben geben, schmelzen lassen und die Maiskolben darin schwenken. Mit einem Pfannenwender herausheben und zum Servieren jeweils 1 Holzzahnstocher in die weiche Mitte der Maiskolben-Enden stecken. Je 2 Maiskolben auf einem Teller anrichten, mit den Händen an den Zahnstochern nehmen und rundherum abknabbern.

Weiteres einszwei-Rezept mit Mais aus der Dose: *Teneriffa-Salat_Seite 37*

süß-sauer mal anders

Schweinefilet in Limetten-Kokos-Sauce

Für 2 Personen:
1 unbehandelte Limette
1 Dose ungesüßte Kokosmilch (400 ml)
200 g Schweinefilet
3 Frühlingszwiebeln
4 Schalotten | 2 EL Öl

Zum Würzen:
2 EL Fischsauce
1 EL Sojasauce
2 EL Chili-Chicken-Sauce (s. Tipp S. 27)
Sambal oelek (scharfe Chilipaste)

Zubereitungszeit: ca. 20 Min. | Garzeit: ca. 15 Min.
Pro Portion ca. 650 kcal | 2720 kJ | 27 g EW | 54 g F | 11 g KH

einszwei:Zitrusfrüchte!
Die Schale von (unbehandelten!) Limetten und Zitronen mit der Universalreibe (s. S. 16/17) nur ganz dünn abreiben, die weiße Innenhaut schmeckt bitter! Bei vielen Rezepten brauchen Sie nur die Schale oder nur eine Fruchthälfte: Geben Sie die angeschnittenen oder abgeriebenen Früchte in Frischhaltefolie gewickelt in den Kühlschrank – da halten sie sich problemlos mindestens 1 Woche!

1 Die Limette heiß waschen, abtrocknen, von der Schale 1 TL fein abreiben. Die Limette halbieren und 3 EL Saft auspressen. Die Kokosmilchdose schütteln und öffnen.

2 Das Schweinefilet mit Küchenpapier trockentupfen und in ca. 4 cm lange, feine Streifen schneiden. Von den Frühlingszwiebeln welke Blätter und Wurzelansätze abschneiden, den Rest waschen und ebenfalls in ca. 4 cm lange, feine Streifen schneiden. Die Schalotten schälen (s. Tipp S. 63) und quer in feine Ringe schneiden.

3 1 EL Öl in einem Topf erhitzen und die Schalotten darin bei mittlerer Hitze 3–4 Min. unter Rühren anbraten. Herausnehmen und auf einem Teller beiseite stellen. Das restliche Öl in den Topf geben und das Fleisch und die Frühlingszwiebeln darin ebenfalls 3–4 Min. unter Rühren anbraten. Die Schalotten wieder dazugeben und die Kokosmilch angießen. Alles mit Fischsauce, Sojasauce, Chili-Chicken-Sauce, Sambal oelek, Limettensaft und -schale würzen und bei schwacher Hitze 6–8 Min. leise kochen lassen. Vor dem Servieren noch mal abschmecken. Dazu passt Basmati-Reis (s. Tipp S. 81).

einszwei:Auf den Salat! *200 ml ungesüßte Kokosmilch mit 1 EL cremiger Erdnussbutter und je 2 EL Limetten- und Orangensaft, Sojasauce und Chili-Chicken-Sauce in einem hohen Rührbecher mit dem Pürierstab kurz aufmixen. Fertig ist das Kokos-Dressing für alle knackigen Salate, z. B. mit Paprika, Gurke, Tomaten und Sprossen.*

Weitere einszwei-Rezepte mit Kokosmilch aus der Dose: *Indische Tomaten-Kokos-Suppe_Seite 29 Asia-Nudelpfanne mit Hähnchen_Seite 77 · Blumenkohl-Erbsen-Curry_Seite 79*

mit raffiniertem Exotik-Dip

Filetteller mit Pfirsich-Minze-Raita

Für 2 Personen:
1 Dose Pfirsichhälften (500 g Abtropfgewicht)
2–3 Zweige frische Minze | 4 EL Naturjoghurt
300 g Schweine-, Rinder-, Kalbs- oder Lammfilet | 2 EL Öl

Zum Würzen:
2 EL Zitronensaft
1 Msp. Harissa (Chilipaste)
2–3 Prisen gemahlener Kreuzkümmel
Salz | Pfeffer

Außerdem:
Fladenbrot

Zubereitungszeit: ca. 20 Min.
Pro Portion ca. 635 kcal | 2660 kJ | 43 g EW | 15 g F | 83 g KH

einszwei:Würzen? Ja bitte!
Gerade beim »einszwei:Kochen!« kommt es auf die raffinierte Würze an. Legen Sie deshalb am besten einen Vorrat an. Gewürze, Würzpasten und -saucen sind meist sehr lange haltbar, und Sie können mit ihnen Blitzgerichte aus Dose und Tiefkühlfach optimal aufpeppen. Fazit: Hier bitte nicht sparen, sondern mal lieber so richtig auf Gewürz-Shopping-Tour gehen (s. S. 14/15)!

1 Die Pfirsichdose öffnen, 2 Pfirsichhälften herausnehmen und mit Küchenpapier trockentupfen. Die Pfirsichhälften ganz fein würfeln und in eine Schüssel geben.

2 Die Minze waschen und trockenschütteln, die Blättchen abzupfen und fein hacken. Mit dem Joghurt unter die Pfirsichwürfel mischen. Das Raita mit Zitronensaft, Harissa, Kreuzkümmel, Salz und Pfeffer abschmecken. Die Filetstücke mit Küchenpapier trockentupfen und in nicht zu dünne Scheibchen schneiden, salzen und pfeffern.

3 Das Öl in einer großen Pfanne erhitzen und die Filetscheiben darin bei mittlerer Hitze je nach Dicke ca. 6 Min. braten, dabei ein-, zweimal wenden. Das Fleisch mit dem Pfirsich-Minze-Raita und frischem Fladenbrot servieren.

einszwei:Und der Rest?
Füllen Sie die übrigen Pfirsichhälften mit dem Saft in eine Plastikschüssel mit Deckel um – im Kühlschrank bleiben sie 3–4 Tage frisch. Und stehen z. B. für eine Ratzfatz-Vorspeise bereit: 2 abgetropfte Pfirsichhälften längs in feine Spalten schneiden, fächerförmig auf zwei große Teller verteilen. 50 g geräuchertes Forellenfilet (aus dem Kühlregal) fein hacken, mit 50 g Salatgurken-Würfelchen, 2 EL TK-Dill und 2 EL fein gehackten Frühlingszwiebeln vermischen, mit 2 EL Limettensaft, Salz und Pfeffer würzen und dekorativ auf den Pfirsichspalten anrichten.

so kommt Sommer an den Fisch

Hellas-Fischfilet mit Tomatensauce

Für 2 Personen:
2 TK-Wildlachsfilets (250 g)
1 Dose geschälte Tomaten (240 g Abtropfgewicht)
2 Frühlingszwiebeln | 2 EL Öl

Zum Würzen:
1 TL gekörnte Gemüsebrühe
3 EL TK-Dill
3 EL TK-Petersilie
Salz | Pfeffer
3 EL Zitronensaft

einszwei:Schnelle Kräuter!
Wenn bei Ihnen frische Kräuter auf dem Balkon oder dem Küchenfensterbrett wachsen – umso besser, denn sie geben jedem Essen im Handumdrehen einen richtigen Würz-Kick. Für alle Ratzfatz-Köche gibt's die kleinen Grünen auch fix und fertig in Päckchen tiefgekühlt zu kaufen.

Zubereitungszeit: ca. 20 Min.
Pro Portion ca. 375 kcal | 1570 kJ | 27 g EW | 28 g F | 4 g KH

1 Die Wildlachsfilets aus dem Tiefkühlfach nehmen, auf einen Teller geben und kurz antauen lassen. Die Tomatendose öffnen.

2 Von den Frühlingszwiebeln welke Blätter und Wurzelansätze abschneiden, den Rest waschen und in feine Ringe schneiden. 1 EL Öl in einem Topf erhitzen und die Frühlingszwiebeln darin bei mittlerer Hitze 2–3 Min. unter Rühren anbraten. Die Dosentomaten dazugeben und mit einer Gabel leicht zerdrücken. Die gekörnte Gemüsebrühe, Dill und Petersilie untermischen und die Sauce bei schwacher Hitze 8–10 Min. leise kochen lassen.

3 Die Fischfilets mit Küchenpapier trockentupfen, salzen und pfeffern. Das restliche Öl in einer Pfanne erhitzen und die Filets darin nach Packungsanweisung bei mittlerer Hitze 6–8 Min. braten, dabei einmal wenden. Die Tomatensauce mit Zitronensaft, Salz und Pfeffer abschmecken. Die Lachsfilets mit der Sauce auf zwei Tellern anrichten.

einszwei:Dazu passen …
… Langkorn-Schnellkochreis, griechisches Sesambrot oder einfach knuspriges Baguette.

Weitere einszwei-Rezepte mit TK-Lachs:
Rucolasalat mit Sesam-Lachswürfeln_Seite 65 · Lachsfilets mit Senfkruste_Seite 71

super für Feste!

Mangoschaum

Für 2 Personen: 1 Dose Mango-Pulp (püriertes Mango-Fruchtfleisch, 750 g; aus dem Asienladen)
1 unbehandelte Limette | 200 g Sahne

Zubereitungszeit: ca. 10 Min. | Kühlzeit: mind. 2 Std.
Pro Portion ca. 510 kcal | 2135 kJ | 3 g EW | 32 g F | 52 g KH

1 Die Mango-Pulp-Dose öffnen und 250 g Fruchtpüree abmessen. Die Limette heiß waschen und abtrocknen. Von der Schale 1 TL fein abreiben (s. Tipp S. 47).

einszwei:Dose leeren!
Die einfachste Lösung: restliches Mango-Pulp in Eiswürfelbehälter füllen, tiefkühlen und als köstliche Frucht-Ice-Balls in Prosecco servieren. Oder Mango-Pulp in ein Mango-Lassi verwandeln: Für 1 Drink 125 ml Mango-Pulp, 125 ml Naturjoghurt (0,1 % Fett), 4 EL Orangensaft, 2 EL Limettensaft und 1 Prise gemahlene Vanille mit dem Pürierstab aufmixen.

2 Die Sahne in einen hohen Rührbecher geben und mit den Schneebesen des Handrührgerätes steif schlagen. Das Mango-Pulp nach und nach mit dem Löffel oder Schneebesen unter die steif geschlagene Sahne mischen, die Limettenschale dazugeben und alles gründlich vermischen.

3 Den Mangoschaum zugedeckt in den Kühlschrank stellen und mindestens 2 Std. fest werden lassen. Den Mangoschaum in zwei Dessertschälchen füllen und servieren.

einszwei:Schön dazu!
Jede Menge exotischer Früchte – z. B. Ananas, Mango, Papaya und Kapstachelbeeren.

süß und schön scharf

Mango-Chili-Sorbet

Für 2 Personen: 1 Dose Mango-Pulp (püriertes Mango-Fruchtfleisch, 750 g; aus dem Asienladen) | 1 unbehandelte Limette | 4 EL Orangensaft
Zum Würzen: Sambal oelek (scharfe Chilipaste)

Zubereitungszeit: ca. 5 Min. | Gefrierzeit: ca. 4 Std.
Pro Portion ca. 215 kcal | 900 kJ | 1 g EW | <1 g F | 51 g KH

1 Die Mango-Pulp-Dose öffnen, 250 g Fruchtpüree abmessen und in eine Metallschüssel geben. Die Limette heiß waschen und abtrocknen. Von der Schale 1 TL fein abreiben (s. Tipp S. 47). Die Limette halbieren und 4 EL Saft auspressen.

2 Die Limettenschale, den Limettensaft und den Orangensaft unter das Mango-Pulp mischen. Mit Sambal oelek nach Geschmack schärfen.

3 Die Schüssel ins Tiefkühlfach stellen und das Sorbet 3–4 Std. gefrieren lassen, dabei die Masse mehrmals mit einer Gabel gut durchrühren. In zwei Dessertschälchen füllen und servieren.

einszwei:Rühren!
Damit sich im Sorbet keine allzu großen Eiskristalle bilden, ist es wichtig, es während des Gefrierens immer wieder durchzurühren.

:heißkalt genießen

Klar, über den Markt schlendern, sich an der bunten Vielfalt der Gemüse- und Obstsorten erfreuen und die schönsten Exemplare auswählen – klingt gut, wenn man Zeit hat! Die haben Sie gerade nicht? Dann ist der Vorrat im Tiefkühlfach Gold wert und eine Superalternative, wenn Kochen bei Ihnen häufiger mal ruckzuck gehen muss.

TK-Gemüse gibt es inzwischen in überwältigender Auswahl, übrigens auch in Bio-Qualität. Es wird reif geerntet, am selben Tag geputzt, portioniert und schockgefroren. Aroma und Vitamine bleiben so perfekt erhalten. Ihr Zeitvorteil: Das Waschen, Putzen und Schnippeln fällt weg. Sie müssen es meist nur noch **rechtzeitig auftauen** lassen.

Geben Sie das TK-Gemüse dazu am besten in eine Schüssel oder auf einen Teller und lassen Sie es über Nacht zugedeckt **im Kühlschrank** auftauen. Die zweitbeste Methode: in 1–2 Std. bei **Zimmertemperatur** auftauen lassen. Sie wollen sofort was Leckeres kochen, also keine Zeit für Vorgeplänkel? In der **Mikrowelle** bei niedrigster Wattzahl ist das Gemüse im Nu aufgetaut. Für Suppen- und Eintopfrezepte können Sie TK-Gemüse auch unaufgetaut verwenden. Bis es zum Einsatz kommt, einfach schon mal aus dem Tiefkühlfach nehmen und **antauen** lassen.

Ein Segen für alle, die keinen guten Fischhändler um die Ecke haben, ist **TK-Fisch.** Rotbarsch, Kabeljau, Lachs, Meeresfrüchte & Co. bekommen Sie küchenfertig vorbereitet und in passenden Portionen tiefgefroren in jedem Supermarkt. Auch hier gilt: Lassen Sie Fisch am besten langsam im Kühlschrank auftauen. So wird auch Fisch aus der Tiefkühltruhe in der Pfanne oder im Topf schön zart und saftig. Schneller geht es, wenn Sie die Fischfilets nach dem Antauen in Würfel oder Streifen schneiden. Wenn Ihnen das zu lange dauert, lassen Sie den Fisch vor dem Braten oder Dünsten bei Zimmertemperatur 30 Min. antauen und garen Sie ihn 2–3 Min. länger als in den Rezepten angegeben.

Fleisch kaufen Sie besser frisch beim Metzger oder im (Bio-)Supermarkt. Da gibt's gerade ein gutes Sonderangebot? Dann frieren Sie Schnitzel, Filet & Co. doch selbst portionsweise ein. Aber beschriften Sie die Päckchen genau, damit es beim Auftauen keine Überraschungen gibt!

Spinat-Schafkäse-Taschen

Für 4 Stück:
1/2 Packung TK-Blattspinat (225 g) | 4 quadratische Scheiben TK-Blätterteig (180 g)
3 Frühlingszwiebeln | 80 g Schafkäse (Feta)
1 Ei | 1 EL Sesamsamen (s. Tipp S. 65)

Zum Würzen: Salz | Pfeffer

Außerdem: Backpapier für das Backblech

Zubereitungszeit: ca. 20 Min. (ohne Auftauzeit) | Backzeit: ca. 25 Min.
Pro Stück ca. 270 kcal | 1130 kJ | 11 g EW | 19 g F | 16 g KH

einszwei:Ratzfatz getauscht!
Sie mögen keinen Schafkäse? Dann füllen Sie die Taschen mit einer Mischung aus 225 g TK-Blattspinat, 100 g gewürfeltem Mozzarella, 2 EL Pinienkernen und 1 durchgepressten Knoblauchzehe.

1 Den Spinat rechtzeitig aus dem Tiefkühlfach nehmen und auf einem Teller auftauen lassen (s. S. 55). Die Blätterteigscheiben nebeneinander auf der Arbeitsfläche ausbreiten, die Trennfolien abziehen und den Teig bei Zimmertemperatur ca. 10 Min. ebenfalls auftauen lassen. Den Backofen auf 200° (Umluft 180°) vorheizen. Ein Backblech mit Backpapier belegen.

2 Von den Frühlingszwiebeln welke Blätter und Wurzelansätze abschneiden, den Rest waschen und in feine Ringe schneiden. Den Spinat ausdrücken und grob zerschneiden. Den Schafkäse in eine Schüssel bröckeln, Spinat und Frühlingszwiebeln untermischen. Mit wenig Salz (der Schafkäse enthält schon Salz) und reichlich Pfeffer würzen. Das Ei trennen, das Eiweiß anderweitig verwenden, das Eigelb in einer Tasse mit 1 TL Wasser verrühren.

3 1/4 der Spinatfüllung auf jede Blätterteigscheibe geben. Je eine Ecke diagonal über die Füllung schlagen, so dass Dreiecke entstehen. Die Ränder gut zusammendrücken. Die Taschen mit etwas Abstand auf das Blech setzen. Die Oberfläche mit der Eigelbmischung bestreichen (am besten mit einem Küchenpinsel) und mit Sesam bestreuen. Das Blech in den heißen Backofen schieben (Mitte) und die Spinat-Schafkäse-Taschen in ca. 25 Min. goldbraun backen. Warm oder kalt servieren.

einszwei:Gut verpackt!
Damit's noch besser hält und die Füllung beim Backen nicht herausquillt, die Ränder mit den Zinken einer Gabel einkerben.

einszwei:Party-Tipp!
Für 20 Fingerfood-Häppchen 10 aufgetaute Blätterteigscheiben (450 g) längs halbieren, so dass 20 Rechtecke entstehen. Jeweils auf eine Rechteckhälfte 1 TL Füllung (aus 450 g TK-Blattspinat, 1 Bund Frühlingszwiebeln und 150 g Schafkäse) setzen, die andere Teighälfte darüber schlagen. Ränder zusammendrücken und ab in den Ofen damit. Abgekühlt zum Aperitif reichen.

Weitere einszwei-Rezepte mit TK-Spinat:
Spinatcremesuppe_Seite 63 · Spinat-Lasagne_Seite 75

Mini-Calzone mit Schinken und Rucola

Für 4 Stück:
300 g frischer Pizzateig (aus dem Kühlregal) | 8 in Öl eingelegte getrocknete Tomaten + 2 EL Einlegeöl (aus dem Glas)
4 Scheiben Parmaschinken (ca. 50 g) | 1 Kugel Mozzarella (125 g)
1 Bund Rucola
2 EL Pinienkerne (s. Tipp S. 65)

Zum Würzen: Salz | Pfeffer

Außerdem: Backpapier für das Backblech

Zubereitungszeit: ca. 20 Min. | Backzeit: ca. 15 Min.
Pro Stück ca. 410 kcal | 1715 kJ | 18 g EW | 22 g F | 39 g KH

einszwei:Mögen Sie Bärlauch?
Dann nutzen Sie die kurze Saison im Frühling von Ende März bis Anfang Juni und nehmen ihn statt Rucola für die Füllung. Sein feines Knoblaucharoma passt prima zu den anderen Zutaten.

1 Den Pizzateig aus der Packung nehmen und auf der Arbeitsfläche aufrollen. Falls Sie 2 runde Teigplatten haben, diese halbieren, aus 1 rechteckigen Platte 4 Kreise von ca. 14 cm Ø ausschneiden. Ein Backblech mit Backpapier belegen. Den Backofen auf 220° (Umluft 200°) vorheizen.

2 Die Tomaten in kleine Würfel schneiden und mit dem Einlegeöl in eine größere Schüssel geben. Parmaschinken mit den Fingern in grobe Stücke zupfen. Mozzarella aus der Packung nehmen und in kleine Würfel schneiden. Zum Abtropfen kurz auf Küchenpapier legen. Die Rucola waschen und trockenschütteln, die groben Stiele abschneiden und die Blätter grob hacken. Schinken, Mozzarella, Rucola und Pinienkerne in die Schüssel dazugeben, salzen, pfeffern und gut durchmischen.

einszwei:Küchenhelfer!
Einfach schneller: Schneiden Sie den Mozzarella mit einem Eierschneider (s. S. 17) erst in Scheiben, dann in Stifte (die Scheiben vorher wenden!) und schließlich (noch mal wenden!) in kleine Würfel.

3 Jeweils 1/4 der Füllung auf eine Pizzateighälfte geben. Die andere Teighälfte darüber klappen und die Ränder fest zusammendrücken. Die Mini-Calzone auf das Blech heben (geht am besten mit einem Pfannenwender) und im heißen Backofen (Mitte) in ca. 15 Min. goldbraun backen.

einszwei:Richtig füllen!
Achten Sie darauf, dass der Teigrand ölfrei bleibt, weil er sonst nicht gut zusammenhält und die Füllung beim Backen herausquillt. Mit der Füllung also ca. 2 cm Abstand zum Rand halten! Wenn Sie ganz sichergehen wollen, können Sie die Teigränder auch dünn mit verschlagenem Eiweiß einpinseln.

人人可得
經濟蓬勃
從善如流

Chinesische Hühnersuppe

Für 2 Personen:
450 g asiatische TK-Gemüsemischung | 50 g Glasnudeln | 1 frische rote Chilischote
2 Frühlingszwiebeln | 1 Knoblauchzehe
1 Glas Hühnerfleisch in Brühe
(z. B. von Struik; 680 g Inhalt)

Zum Würzen:
2–3 EL helle Sojasauce
1 EL Zitronensaft | Pfeffer

Außerdem: 1 feines Sieb

Zubereitungszeit: ca. 20 Min.
Pro Portion ca. 445 kcal | 1865 kJ | 39 g EW | 16 g F | 33 g KH

einszwei:Scharfe Sache!
Sie lieben es nicht allzu scharf? Dann entfernen Sie die Kerne und weißen Häutchen der Chili, in ihnen steckt nämlich ein Großteil der Schärfe. Und danach gründlich die Hände waschen! Es brennt höllisch, wenn Sie sich mit »Chili-Fingern« versehentlich die Augen reiben. Im Notfall sofort mit viel kaltem Wasser ausspülen.

1 Das Gemüse aus dem Tiefkühlfach nehmen und in der Packung antauen lassen (s. S. 55). Glasnudeln in eine hitzebeständige Schüssel geben. Ca. 1/4 l Wasser im Wasserkocher zum Kochen bringen. Die Glasnudeln mit dem kochenden Wasser überbrühen und einweichen.

2 Die Chilischote waschen, den Stielansatz entfernen und die Schote in feine Ringe schneiden. Von den Frühlingszwiebeln welke Blätter und Wurzelansätze abschneiden, Zwiebeln waschen und schräg in 1 cm breite Stücke schneiden. Den Knoblauch schälen, die Knoblauchpresse bereitlegen (wer keine hat, hackt die Knoblauchzehe jetzt ganz fein). Die Hühnerbrühe durch das Sieb in einen Topf gießen, das Hähnchenfleisch dabei auffangen. Das Fleisch auf der Arbeitsfläche in mundgerechte Stückchen schneiden. Die Glasnudeln durch das Sieb abgießen und auf zwei Asia-Suppenschalen verteilen.

einszwei:Mundgerecht servieren!
In Asien wird die Suppe mit Stäbchen gegessen. Ganz so authentisch muss es denn doch nicht sein? Dann schneiden Sie die eingeweichten Glasnudeln mit einer Küchenschere kleiner, so passen sie auch auf einen Esslöffel.

3 Den Topf mit der Hühnerbrühe auf den Herd stellen, die Brühe aufkochen lassen, das TK-Gemüse und die Chiliringe dazugeben. Wieder zum Kochen bringen und bei mittlerer Hitze 3–4 Min. kochen lassen. Dann die Hähnchenfleischstückchen und die Frühlingszwiebeln zur Suppe geben. Den Knoblauch dazupressen, 2 Min. weiterkochen lassen. Sojasauce und Zitronensaft unterrühren und die Suppe mit Pfeffer abschmecken. Die Suppe auf die Glasnudeln in die Suppenschalen schöpfen und servieren.

Weitere einszwei-Rezepte mit TK-Asia-Gemüse:
Asia-Nudelpfanne mit Hähnchen_Seite 77 · Ingwerfleisch mit Wok-Gemüse_ Seite 81

frühlingsfrisch

Erbsensuppe mit Minze

Für 2 Personen: 1 Packung TK-Erbsen (300 g) | 1 Schalotte | 2 Zweige frische Minze | 1 EL Crème fraîche
Zum Würzen: 1 gehäufter TL gekörnte Gemüsebrühe | 1 EL Zitronensaft | Salz | Pfeffer

Zubereitungszeit: ca. 15 Min.
Pro Portion ca. 145 kcal | 605 kJ | 9 g EW | 3 g F | 20 g KH

einszwei:Schalotten schälen!
Schalotten zu schälen ist ganz schön »tricky«. Damit sich die feine Haut gut lösen lässt, die Schalotten 10 Min. in kaltes Wasser legen – das machen auch die Profis so.

1 Die Erbsen aus dem Tiefkühlfach nehmen und in der Packung antauen lassen (s. S. 55).

2 Die Schalotte schälen und fein hacken.
Die Minze waschen und trockenschütteln, die Blätter abzupfen und in feine Streifen schneiden.

3 400 ml Wasser im Wasserkocher erhitzen, in einen Topf umfüllen, die gekörnte Brühe einrühren. Die Erbsen und die Schalotte dazugeben und aufkochen lassen. Zugedeckt bei mittlerer Hitze 5 Min. leise kochen lassen. Crème fraîche und 2/3 der Minze dazugeben und alles mit dem Pürierstab pürieren. Mit Zitronensaft, Salz und Pfeffer abschmecken. Auf zwei Suppenschalen verteilen und mit der restlichen Minze garnieren.

grün und deftig

Spinatcremesuppe

Für 2 Personen: 1/2 Packung TK-Spinat (225 g)
1 Schalotte | 1 Knoblauchzehe
1 mehlig kochende Kartoffel (ca. 100 g)
1 EL Öl | 2 EL Kräuter-Crème-fraîche
Zum Würzen: 1 gehäufter TL gekörnte Gemüsebrühe | Muskatnuss
Salz | Pfeffer

einszwei:Frisch gerieben!
Das feinherbe Muskataroma gibt der Suppe den letzten Schliff. Praktisch ist eine Muskatreibe mit Aufbewahrungsfach. Sie können die Muskatnuss aber auch einfach auf der Universalreibe (s. S. 16/17) reiben. Übertreiben Sie es nicht, zu viel Muskat kann Kopfschmerzen auslösen!

Zubereitungszeit: ca. 20 Min.
Pro Portion ca. 160 kcal | 670 kJ | 5 g EW | 15 g F | 9 g KH

1 Den Spinat aus dem Tiefkühlfach nehmen, auf einen Teller geben und antauen lassen (s. S. 55).

2 Die Schalotte und den Knoblauch schälen und zusammen im Blitzhacker (s. S. 16) oder mit einem Messer fein hacken. Die Kartoffel schälen und in 1 cm große Würfel schneiden.

3 Das Öl in einem Topf erhitzen, Schalotte und Knoblauch darin bei mittlerer Hitze 1 Min. glasig anbraten. Die Kartoffelwürfel dazugeben. 400 ml Wasser abmessen und mit der gekörnten Brühe angießen. Zum Kochen bringen und zugedeckt bei mittlerer Hitze 10 Min. leise kochen lassen. Dann den Spinat und 1 EL Crème fraîche unterrühren, wieder zum Kochen bringen und offen weitere 4–5 Min. kochen lassen. Mit dem Pürierstab pürieren. Die Suppe mit Muskat, Salz und Pfeffer abschmecken. Auf zwei Suppentassen verteilen und mit der restlichen Crème fraîche garnieren.

schnelle Vorspeise

Rucolasalat mit Sesam-Lachswürfeln

Für 2 Personen:
250 g TK-Lachsfilet | 3 EL Sesamsamen
1 kleiner Eisbergsalat | 1 großes Bund Rucola
2 EL Öl

Für das Dressing:
3 EL Zitronensaft | Zucker | Salz | Pfeffer | 2 EL Öl

Zubereitungszeit: ca. 20 Min. (ohne Auftauzeit)
Pro Portion ca. 530 kcal | 2220 kJ | 28 g EW | 45 g F | 3 g KH

einszwei:Richtig aufbewahren!
Samen, Kerne und Nüsse enthalten viele wertvolle Öle. Dadurch werden sie aber auch schnell ranzig. Deshalb wichtig: immer trocken und kühl, am besten in sauberen Schraubgläsern aufbewahren.

1 Das Lachsfilet rechtzeitig aus dem Tiefkühlfach nehmen, auf einen Teller geben und zugedeckt im Kühlschrank auftauen lassen (s. S. 55). Für das Dressing den Zitronensaft und jeweils 1 Prise Zucker, Salz und Pfeffer in einem Schüsselchen verrühren. 2 EL Öl unterrühren, bis eine cremige Sauce entsteht. Die Sesamsamen auf einen Teller geben.

einszwei:Für Feinschmecker!
Nehmen Sie für das Dressing Himbeeressig statt Zitronensaft und Walnussöl statt des einfachen Allround-Öls, so wird aus dem Salat eine Vorspeise für Gourmets.

2 Vom Eissalat eventuell äußere welke Blätter entfernen, 1/4 der Salatblätter waschen, trockenschütteln und in mundgerechte Stücke zupfen. Den Salat in eine Schüssel geben. Die Rucola ebenfalls waschen und trockenschütteln. Die groben Stiele abschneiden, die Blätter grob hacken und unter den Eissalat mischen. Das Lachsfilet mit Küchenpapier trockentupfen und in ca. 3 cm große Würfel schneiden, die Lachswürfel in den Sesamsamen wenden und diese leicht andrücken.

3 2 EL Öl in einer Pfanne erhitzen. Die Lachswürfel darin bei mittlerer Hitze von allen Seiten in ca. 5 Min. goldbraun braten. Den Salat auf zwei Teller verteilen. Das Dressing mit einem Esslöffel darüber träufeln. Die heißen Sesam-Lachswürfel darauf geben und sofort servieren.

einszwei:Und der Rest?
Schlagen Sie den restlichen Salat locker in eine Plastiktüte ein und bewahren Sie ihn im Gemüsefach des Kühlschranks auf, so bleibt er 3–4 Tage frisch. Mit halbierten Kirschtomaten, Salatgurkenscheiben, Paprikastreifen und etwas Mais aus der Dose wird daraus ein schneller knackfrischer Beilagensalat. Und bereiten Sie vom Zitronen-Dressing gleich eine größere Menge zu (hält in einem Schraubglas im Kühlschrank ca. 10 Tage), dann geht's noch mal so schnell.

Weitere einszwei-Rezepte mit TK-Lachsfilet:
Hellas-Fischfilet mit Tomatensauce_Seite 51 · Lachsfilets mit Senfkruste_Seite 71

pikanter Appetizer

Asia-Salat mit Koriandergarnelen

Für 2 Personen:
200 g Weißkraut-Möhren-Salatfertigmischung (aus dem Kühlregal)
200 g gegarte Riesengarnelen (auch Party-Gambas; aus dem Kühlregal)

Für die Dressings:
1 Bund Koriandergrün
1 frische rote Chilischote
4 EL Limettensaft
1 EL Sesamöl
Salz | Zucker
2 EL neutrales Pflanzenöl

einszwei:Frisch zubereiten!
Da Salatfertigmischungen nicht immer und überall frisch zu haben sind: 1 große Möhre schälen und auf der Universalreibe (s. S. 16/17) grob raspeln. Von 1 kleinen Chinakohl welke Blätter entfernen. Die Hälfte des Kohls quer in feine Streifen schneiden. Der Rest peppt in Streifen geschnitten z. B. die Chinesische Hühnersuppe (S. 61) auf.

Zubereitungszeit: ca. 10 Min.
Pro Portion ca. 265 kcal | 1110 kJ | 22 g EW | 17 g F | 5 g KH

1 Die Salatmischung aus der Tüte in ein Sieb geben, kalt abbrausen und gut abtropfen lassen. Die Riesengarnelen aus der Packung in eine kleine Schüssel füllen.

2 Das Koriandergrün waschen und trockenschütteln, die groben Stiele entfernen, den Rest fein hacken. Die Chilischote waschen, den Stielansatz entfernen und die Schote sehr fein würfeln (s. Tipp S. 61).

3 1 EL Limettensaft, das Sesamöl, die Hälfte der Chiliwürfel und das Koriandergrün in die Schüssel zu den Riesengarnelen geben und untermischen. Die übrigen Chiliwürfel in einer großen Schüssel mit dem restlichen Limettensaft, je 1 Prise Salz und Zucker und dem Pflanzenöl verrühren. Die Salatmischung aus dem Sieb dazugeben und untermischen. Den Salat auf zwei Schalen oder Teller verteilen und die Koriandergarnelen darauf häufen.

einszwei:Man nehme ...
Wissen Sie, was »1 Prise Salz« bedeutet? Es ist die Menge, die zwischen Daumen und Zeigefinger passt. Doch so genau wird das nicht genommen. Beginnen Sie mit wenig, probieren und würzen Sie nach Geschmack nach. Das Kosten und Abschmecken macht schließlich am meisten Spaß beim Kochen! Zucker übrigens schafft ein angenehmes Gegengewicht zur Säure der Limette und macht die Sache rund!

ein wenig Luxus fürs Essen zu zweit

Meeresfrüchtetopf mit Safran

Für 2 Personen:
500 g TK-Meeresfrüchte (z. B. von Escal)
200 g TK-Fischfilet (z. B. Seelachs oder Kabeljau)
1 Tetrapak Tomatenpüree »Basilikum« (370 g)
1 mehlig kochende Kartoffel (ca. 150 g)
1 Glas Fischfond (400 ml)
2 EL Olivenöl extra vergine

Zum Würzen: 2–3 EL Zitronensaft
1 Döschen Safranfäden (0,1 g)
Zucker | Salz | Pfeffer

Zubereitungszeit: ca. 15 Min. (ohne Auftauzeit)
Pro Portion ca. 440 kcal | 1840 kJ | 53 g EW | 15 g F | 21 g KH

einszwei:Clever einkaufen!
Achten Sie darauf, dass in der Meeresfrüchtemischung kein Surimi enthalten ist. Das sind gepresste und künstlich aromatisierte Fischabfälle, die in leckerem Essen nichts zu suchen haben!

einszwei:Für Genießer!
Olivenöl extra vergine stammt aus der ersten Pressung der Oliven und schmeckt besonders aromatisch und fruchtig. Was allerdings nur zur Geltung kommt, wenn es wie hier nicht zu hoch erhitzt wird oder kurz vor dem Servieren direkt über Salat, Gemüse oder Fisch geträufelt wird. Zum Braten genügt einfaches Olivenöl.

1 Die Meeresfrüchte und das Fischfilet rechtzeitig aus dem Tiefkühlfach nehmen, in ein Sieb geben, Teller oder Schüssel unterstellen und zugedeckt im Kühlschrank auftauen lassen (s. S. 55). Die Tomatenpüree-Packung öffnen.

2 Das Fischfilet mit Küchenpapier trockentupfen und in ca. 3 cm große Stücke schneiden. Mit 1 EL Zitronensaft beträufeln und salzen. Die Meeresfrüchte ebenfalls trockentupfen. Die Kartoffel schälen und in ca. 1 cm große Würfel schneiden.

3 Den Fischfond in einen Topf gießen, das Tomatenpüree dazugeben. Kartoffelwürfel, Öl und Safran unterrühren, aufkochen und offen bei mittlerer Hitze 5 Min. kochen lassen. Meeresfrüchte und Fischstücke dazugeben und wieder zum Kochen bringen. Mit dem restlichen Zitronensaft, Zucker, Salz und Pfeffer abschmecken. Die Hitze reduzieren und zugedeckt bei sehr schwacher Hitze 5 Min. ziehen lassen. Den Meeresfrüchtetopf auf zwei tiefe Teller verteilen.

einszwei:Knusprige Beilage!
Für Knoblauch-Crostini 40 g Kräuterbutter (aus dem Kühlregal) auf einen Teller geben. 1 Knoblauchzehe schälen, dazupressen und mit einer Gabel untermengen. Die Butter auf 6–8 dünne Scheiben Baguette streichen und diese im Backofen (Mitte) bei 220° in ca. 5 Min. goldbraun backen.

Weiteres einszwei-Rezept mit TK-Seelachsfilet:
Seelachs mit Orangen-Fenchel_Seite 73

gästetauglich

Lachsfilets mit Senfkruste

Für 2 Personen:
450 g TK-Porree | 2 TK-Lachsfilets (250 g)
1/2 Bund Dill | 2 EL grober Dijon-Senf
1 gestrichener EL Semmelbrösel | 2 EL Öl

Zum Würzen:
1 EL Zitronensaft | Salz | weißer Pfeffer

Außerdem:
1 Auflaufform

Zubereitungszeit: ca. 15 Min. (ohne Auftauzeit)
Backzeit: ca. 20 Min.
Pro Portion ca. 430 kcal | 1800 kJ | 32 g EW | 29 g F | 12 g KH

einszwei:Richtig würzen!
Profis nehmen zum Würzen von Fisch meist weißen Pfeffer. Schmeckt etwas milder und sieht besser aus. Wenn Sie keinen haben, tut's aber auch schwarzer Pfeffer. Oder versuchen Sie mal Zitronenpfeffer – gibt dem Fisch einen frisch-würzigen Akzent.

1 Den Porree und die Lachsfilets rechtzeitig aus dem Tiefkühlfach nehmen und auftauen lassen (s. S. 55). Den Porree dazu gleich in die Auflaufform, den Lachs auf einen Teller geben.

2 Den Backofen auf 180° (Umluft 160°) vorheizen. Den Dill waschen und trockenschütteln, die Spitzen fein hacken. Die Dillspitzen mit dem Senf und den Semmelbrösel in ein Schüsselchen geben und verrühren. Die Lachsfilets mit Küchenpapier trockentupfen. Mit dem Zitronensaft beträufeln und mit Salz und weißem Pfeffer würzen. Den Porree in der Form verteilen, salzen, pfeffern und mit dem Öl beträufeln.

3 Die Lachsfilets hineinsetzen, die Senfmischung darauf geben und auf der Oberfläche festdrücken (geht am besten mit den Händen). Die Auflaufform auf den Rost in den heißen Backofen (Mitte) stellen und die Lachsfilets darin ca. 20 Min. backen. Jeweils 1 Lachsfilet auf einen Teller geben, das Porreegemüse daneben anrichten.

einszwei:Reste aufbrauchen!
Das restliche 1/2 Bund Dill gleich mithacken, in einen Eiswürfelbehälter geben und mit Wasser bedeckt einfrieren. Für ein Ratzfatz-Sößchen zu Pellkartoffeln 1–2 Dill-Würfel in 250 g Sauce hollandaise (aus dem Tetrapak) kurz aufkochen und mit 1–2 TL Zitronensaft und 1 Prise weißem Pfeffer würzen.

einszwei:Kombi-Tipp!
Für eine schnelle Beilage: 1 EL Öl in einer Pfanne erhitzen. 2 TK-Kartoffelpuffer unaufgetaut hineingeben und darin bei mittlerer Hitze von jeder Seite 4–5 Min. goldbraun braten. Die Lachsfilets auf den Puffern anrichten. Restliche Puffer schmecken auch mit süßem Beiwerk, z. B. dem Apfelkompott aus dem Glas, das beim Apfelschnee von Seite 115 übrig bleibt.

Weitere einszwei-Rezepte mit TK-Lachsfilet:
Hellas-Fischfilet mit Tomatensauce_Seite 51
Rucolasalat mit Sesam-Lachswürfeln_Seite 65

fruchtig-würzig vom Blech

Seelachs mit Orangen-Fenchel

Für 2 Personen:
4 TK-Seelachsfilets (400 g) | 400 g Fenchel | 1 Orange
50 g kalte Butter | 2 EL Mandelstifte

Zum Würzen:
Salz | Orangenpfeffer

Außerdem:
Backpapier für das Backblech

einszwei:Tauschbörse!
Orangenpfeffer ist schwarzer Pfeffer, der mit fein zerstoßener getrockneter Orangenschale vermischt ist. Er gibt Fisch, aber auch Fleisch eine interessante Note. Sie können ihn durch normalen schwarzen Pfeffer ersetzen. Statt der Mandelstifte schmecken auch Pinienkerne.

Zubereitungszeit: ca. 15 Min. (ohne Auftauzeit) | Garzeit: ca. 20 Min.
Pro Portion ca. 475 kcal | 1990 kJ | 43 g EW | 28 g F | 13 g KH

1 Den Fisch rechtzeitig aus dem Tiefkühlfach nehmen, auf einen Teller geben und zugedeckt im Kühlschrank auftauen lassen (s. S. 55).

2 Den Backofen auf 200° (Umluft 180°) vorheizen. Ein Backblech mit Backpapier belegen. Die Fenchelknollen putzen, das Fenchelgrün abschneiden und fein hacken. Die Knollen waschen und halbieren, den Strunk keilförmig herausschneiden. Die Knollenhälften längs auf der Universalreibe oder dem Gemüsehobel in dünne Scheiben hobeln. Die Orange schälen und das Fruchtfleisch quer in dünne Scheiben schneiden, diese vierteln und in ein Schüsselchen geben. Die Fischfilets mit Küchenpapier trockentupfen und mit Salz und Orangenpfeffer würzen. Die Butter in kleine Flöckchen schneiden.

3 Den Fenchel auf dem Blech ausbreiten, salzen und mit den Mandelstiften bestreuen. Die Hälfte der Butterflöckchen darüber verteilen. In den heißen Backofen (oben) schieben und 10 Min. backen. Das Blech herausziehen, den Fenchel wenden und die Orangenstückchen samt Saft darauf verteilen. Die Fischfilets mit etwas Abstand zueinander darauf platzieren, mit den restlichen Butterflöckchen belegen und in 8–10 Min. fertig garen. Aus dem Ofen nehmen, auf zwei Tellern anrichten und mit dem Fenchelgrün bestreuen.

einszwei:Reste verwerten!
Restliche Mandelstifte können Sie unters morgendliche Müsli mischen oder – in einer Pfanne bei schwacher Hitze ohne Fett goldbraun geröstet – über Blattsalate streuen. Und die Mandeln immer in einem Schraubglas aufbewahren!

Weiteres einszwei-Rezept mit TK-Seelachsfilet:
Meeresfrüchtetopf mit Safran_Seite 69

für 4 Veggies

Spinat-Lasagne

Für 4 Personen:
450 g TK-Blattspinat
1 1/2 Tetrapaks Tomatenpüree »Basilikum« (je 370 g)
1 Becher Crème fraîche (150 g) | 1 TL Mehl
9 Lasagneblätter ohne Vorkochen (ca. 150 g)
100 g geriebener Gratinkäse (aus dem Kühlregal; s. Tipp S. 27)

Zum Würzen: Salz | Pfeffer

Außerdem: 1 eckige Auflaufform (ca. 18 x 25 cm)

Zubereitungszeit: ca. 15 Min. (ohne Auftauzeit)
Backzeit: ca. 25 Min.
Pro Portion ca. 415 kcal | 1740 kJ | 15 g EW | 22 g F | 37 g KH

einszwei:Und der Rest?
Aus dem übrigen Tomatenpüree (185 g) wird ruckzuck eine Nudelsauce für zwei: 1 Schalotte und 1 Knoblauchzehe schälen, fein hacken und in einer Pfanne in 1 EL Olivenöl anbraten. Tomatenpüree, 6–8 schwarze Oliven und 1 EL Kapern (aus dem Glas) untermischen und bei schwacher Hitze 2 Min. zugedeckt leise kochen lassen. Nach Belieben die Blätter von 1/2 Bund Basilikum in Streifen schneiden und untermischen.

1 Den Spinat rechtzeitig aus dem Tiefkühlfach nehmen, auf einen Teller geben und auftauen lassen (s. S. 55). Die Tomatenpüree-Päckchen öffnen. Die Crème fraîche im Becher mit dem Mehl und 2–3 EL kaltem Wasser verrühren. Den Backofen auf 200° (Umluft 180°) vorheizen.

2 4 EL Tomatenpüree in der Auflaufform verteilen. 3 Lasagneblätter darauf legen und mit 4 EL Tomatenpüree bestreichen. Die Hälfte des Spinats auseinander zupfen und darauf verteilen. Mit Salz und Pfeffer würzen. 3 Lasagneblätter darauf legen und 4 EL Tomatenpüree darauf verstreichen. Den restlichen Spinat einschichten und mit Salz und Pfeffer würzen. Mit den restlichen Lasagneblättern abdecken und das restliche Tomatenpüree darauf verstreichen.

3 Die Crème-fraîche-Mischung mit einem Löffel darauf verteilen und den Käse darüber streuen. Die Auflaufform auf den Rost in den heißen Ofen (Mitte) stellen und die Lasagne ca. 25 Min. backen. Um zu sehen, ob sie fertig ist, mit einem spitzen Messer in der Mitte einstechen. Geht das leicht, herausnehmen, sonst noch einige Min. weiterbacken.

einszwei:Aroma-Plus für Pilzfans!
150 g Champignons oder Egerlinge putzen, wenn nötig trocken abreiben (nicht waschen, sonst saugen sie sich mit Wasser voll!), mit dem Eierschneider (s. S. 17) oder Messer in Scheiben schneiden und auf dem Spinat verteilen.

Weitere einszwei-Rezepte mit TK-Spinat: *Spinat-Schafkäse-Taschen_Seite 57 · Spinatcremesuppe_Seite 63*

Asia-Nudelpfanne mit Hähnchen

Für 2 Personen:
300 g asiatische TK-Gemüsemischung
50 g frische Sojabohnensprossen
200 g Hähnchenbrustfilet
1 kleine Dose ungesüßte Kokosmilch (250 ml)
80 g Mie-Nudeln (asiatische Instant-Nudeln)
1 EL Erdnussbutter (crunchy, aus dem Glas)

Zum Würzen:
2–3 EL helle Sojasauce
1 TL rote Currypaste

einszwei:Asia-Kick gefällig?
Die Zutaten dieses Rezeptes bekommen Sie auch im gut sortierten Supermarkt. Wenn Sie gerade an einem Asienladen vorbeikommen, dann besorgen Sie 1 kleines Bund Thai-Basilikum: waschen und trockenschütteln, die Blätter abzupfen und anstatt der Sprossen mit den Nudeln untermischen. Schmeckt fabelhaft!

Zubereitungszeit: ca. 20 Min. (ohne Auftauzeit)
Pro Portion ca. 565 kcal | 2365 kJ | 28 g EW | 22 g F | 6 g KH

1 Das Gemüse rechtzeitig aus dem Tiefkühlfach nehmen, in eine Schüssel geben und auftauen lassen (s. S. 55). Die Sojabohnensprossen in ein Sieb geben, kalt abbrausen und abtropfen lassen. Das Hähnchenfleisch kalt abspülen, mit Küchenpapier trockentupfen, längs halbieren und quer in feine Streifen schneiden. Auf der Arbeitsfläche 1 EL Sojasauce untermischen. Die Kokosmilch-Dose öffnen (vorher nicht schütteln!). 3 EL Kokossahne (die fettreiche, feste Masse an der Oberfläche; s. Tipp S. 79) in den Wok (oder in eine Pfanne) geben. Die restliche Kokosmilch in der Dose verrühren und 100 ml davon abmessen.

2 Für die Nudeln 1/2 l Wasser im Wasserkocher erhitzen und in eine hitzebeständige Schüssel füllen. Die Nudeln hineingeben und 4 Min. ziehen lassen. Die Nudeln in ein Sieb abgießen (falls Sie nur eins haben, die Sprossen auf einen Teller geben) und gut abtropfen lassen.

3 Die Kokossahne im Wok (oder in der Pfanne) erhitzen. Die Currypaste einrühren und darin bei starker Hitze 2 Min. anbraten. Das Fleisch hinzufügen und unter Rühren 3 Min. braten. Das Gemüse hinzufügen, 2 Min. mitbraten. Die Kokosmilch und die Erdnussbutter unterrühren und aufkochen lassen. Die Sprossen und die abgetropften Nudeln untermischen, nur noch 2 Min. erwärmen und mit der restlichen Sojasauce abschmecken.

einszwei:Reste verwerten!
Stellen Sie die restliche Kokosmilch in einem Schraubglas in den Kühlschrank. Aus der Chinesischen Hühnersuppe (S. 61) wird damit fix eine Thai-Version: Lassen Sie die Glasnudeln weg und kochen Sie mit der Brühe ca. 100 ml Kokosmilch, 1 TL fein gehackten frischen Ingwer und 1–2 TL Zitronengraspaste (aus dem Glas; z. B. von Bamboo Garden) auf. Vor dem Servieren 1–2 TL Limettensaft unterrühren – ein Gedicht!

Weitere einszwei-Rezepte mit TK-Asia-Gemüse:
Chinesische Hühnersuppe_Seite 61 · Ingwerfleisch mit Wok-Gemüse_Seite 81

indisch inspiriert

Blumenkohl-Erbsen-Curry

Für 2 Personen:
400 g TK-Blumenkohl
150 g TK-Erbsen
1 kleine Dose ungesüßte Kokosmilch (250 ml)
2 Zwiebeln (ca. 100 g)
1 Knoblauchzehe
1/2 Bund Petersilie

Zum Würzen:
1 EL Currypulver
2 EL Zitronensaft
Salz | Pfeffer

Zubereitungszeit: ca. 20 Min.
Pro Portion ca. 300 kcal | 1255 kJ | 10 g EW | 18 g F | 21 g KH

einszwei:Gerührt, nicht geschüttelt!
In asiatischen Ländern verwendet man oft die fettreiche Kokossahne anstatt Öl oder Butterschmalz zum Anbraten. Die Dose deshalb nicht schütteln, weil sich Kokossahne und Kokosmilch sonst vermischen. Außerdem wichtig: Kaufen Sie keine Kokosmilch mit der Bezeichnung »cremig«, wenn Sie die Kokossahne brauchen!

1 Den Blumenkohl und die Erbsen aus dem Tiefkühlfach nehmen, jeweils auf einen Teller oder in eine Schüssel geben und antauen lassen (s. S. 55). Die Kokosmilch-Dose öffnen (vorher nicht schütteln!). 3 EL Kokossahne (die fettreiche, feste Masse an der Oberfläche) in eine Pfanne geben. Die restliche Kokosmilch in der Dose verrühren.

2 Die Zwiebeln schälen, längs halbieren und in schmale Spalten schneiden. Den Knoblauch schälen und fein hacken. Die Petersilie waschen und trockenschütteln, die groben Stiele entfernen, den Rest fein schneiden.

3 Die Kokossahne in der Pfanne erhitzen. Zwiebeln und Currypulver dazugeben und bei mittlerer Hitze ca. 3 Min. unter Rühren braten. Den Blumenkohl dazugeben und 3 Min. mitbraten. Erbsen, Kokosmilch und Knoblauch unterrühren und zugedeckt ca. 5 Min. schmoren lassen. Mit Zitronensaft, Salz und Pfeffer abschmecken. Die Petersilie darüber streuen. Dazu schmeckt Basmati-Reis (s. Tipp S. 81).

Weitere einszwei-Rezepte mit TK-Erbsen:
Calamaritopf mit Tomaten und Erbsen_Seite 31
Erbsensuppe mit Minze_Seite 63
Sahnegeschnetzeltes mit Knödeln_Seite 83

訂閱表刊於第三版
四十億

mit feiner Thai-Schärfe

Ingwerfleisch mit Wok-Gemüse

Für 2 Personen:
450 g asiatische TK-Gemüsemischung
1 großes Stück frischer Ingwer (ca. 50 g; s. Tipp S. 29)
1 Knoblauchzehe | 250 g Schweineschnitzel
2 EL Öl

Zum Würzen:
1 TL Zucker | 1 getrocknete Chilischote
2 EL helle Sojasauce

Zubereitungszeit: ca. 20 Min. (ohne Auftauzeit)
Pro Portion ca. 380 kcal | 1590 kJ | 29 g EW | 13 g F | 6 g KH

einszwei: Für Feinschmecker!
Statt Schweinefleisch können Sie auch 1 kleines Entenbrustfilet verwenden: Die Haut fest zwischen Daumen und Zeigefinger nehmen und abziehen. Das Fleisch in feine Streifen schneiden und mit Knoblauch, Chili und 1 EL Sesamöl würzen. Knackiges Topping für beide Varianten: 2 EL grob gehackte geröstete Erdnüsse.

1 Das Gemüse rechtzeitig aus dem Tiefkühlfach nehmen, auf einen Teller geben und auftauen lassen (s. S. 55).

2 Den Ingwer mit dem Sparschäler schälen, mit der Universalreibe (s. S. 16/17) grob raspeln und in ein Schälchen mit kaltem Wasser einlegen. Den Knoblauch schälen und fein hacken. Die Schnitzel längs halbieren und quer in feine Streifen schneiden. Die Fleischstreifen in eine Schüssel geben, Knoblauch und Zucker untermischen und die Chilischote dazubröseln.

3 1 EL Öl im Wok (oder in einer Pfanne) sehr stark erhitzen. Das gewürzte Fleisch darin unter Rühren 2 Min. braten, mit dem Pfannenwender herausheben und auf einen Teller legen. Das restliche Öl in den Wok (oder die Pfanne) geben. Den Ingwer abgießen (am besten durch ein kleines Sieb) und hineingeben, das Gemüse dazugeben und bei starker Hitze 3 Min. unter Rühren braten. Das Fleisch wieder hineinlegen und noch 2 Min. mitdünsten. Mit der Sojasauce würzen. Dazu schmeckt Basmati-Reis.

einszwei: Duftende Beilage!
Geben Sie für 2 Personen 100 g Basmati-Reis in ein Sieb und brausen Sie ihn mit kaltem Wasser ab, bis das Wasser klar ist. Den Reis mit 200 ml Wasser in einen Topf geben, einmal umrühren und aufkochen lassen. Zudecken und den Reis bei sehr schwacher Hitze 15 Min. quellen lassen. Wenn Sie dann den Deckel öffnen, wissen Sie, warum Basmati-Reis auch Duftreis genannt wird.

Weitere einszwei-Rezepte mit TK-Asia-Gemüse:
Chinesische Hühnersuppe_Seite 61 · Asia-Nudelpfanne mit Hähnchen_Seite 77

GIDE MESSER
SOLINGEN GERMANY

heiß geliebt mit 8 Zutaten

Sahnegeschnetzeltes mit Knödeln

Für 2 Personen:
2–4 Semmelknödel (je nach Appetit; im Kochbeutel)
200 g TK-Champignons
100 g TK-Erbsen
1 Schalotte
2 Kalbsschnitzel (je 140 g; wahlweise Hähnchenbrustfilet)
1 TL Mehl | 3 EL Öl
100 g Sahne

Zum Würzen: Salz | Pfeffer

Zubereitungszeit: ca. 20 Min. | Garzeit: ca. 15 Min.
Pro Portion ca. 655 kcal | 2740 kJ | 43 g EW | 38 g F | 38 g KH

einszwei:Reste verwerten!
4 übrige vorgegarte Knödel in Scheiben schneiden. 1 Zwiebel schälen, halbieren und in Ringe schneiden. 4 Eier in einer Schüssel verquirlen, salzen und pfeffern. In einer Pfanne die Zwiebel in 1 EL Butterschmalz anbraten. Knödel dazugeben und von allen Seiten bei mittlerer Hitze in 5–7 Min. goldbraun braten. Eier darüber gießen, unter vorsichtigem Wenden in 2–3 Min. stocken lassen. Mit Schnittlauchröllchen bestreut servieren.

1 Die Knödel aus der Packung in einen Topf geben, mit Wasser bedecken und nach Packungsanweisung 5 Min. einweichen. Die Champignons und die Erbsen aus dem Tiefkühlfach nehmen, jeweils auf einen Teller geben und kurz antauen lassen.

2 Die Schalotte schälen (s. Tipp S. 63) und fein hacken. Die Schnitzel längs halbieren und quer in Streifen schneiden (Hähnchenbrustfilet vorher kalt abspülen und mit Küchenpapier trockentupfen). Mit Salz und Pfeffer würzen, mit dem Mehl bestreuen und vermischen. Die Knödel im Wasser auf den Herd stellen und zum Kochen bringen. Sobald das Wasser kocht, 1/4 TL Salz hinzufügen, die Temperatur zurückschalten und die Knödel bei schwacher Hitze in ca. 15 Min. offen gar ziehen lassen.

3 2 EL Öl in einer Pfanne sehr stark erhitzen. Das Fleisch darin in zwei Portionen (s. S. 9) 2–3 Min. unter Rühren anbraten. Mit dem Pfannenwender herausheben und auf einen Teller geben. Restliches Öl in die Pfanne geben, die Schalotte darin 1 Min. anbraten. Champignons unterrühren und bei starker Hitze 2 Min. mitbraten. Erbsen und Sahne unterrühren, 2 Min. kräftig kochen lassen, salzen und pfeffern. Das Fleisch wieder in die Pfanne geben, zugedeckt bei schwacher Hitze leise kochen lassen, bis die Knödel fertig sind. Knödel herausheben (am besten mit einem Schaumlöffel) und kurz mit kaltem Wasser abschrecken. Die Plastikhüllen mit einer Küchenschere aufschneiden, Knödel herausdrücken und auf Teller verteilen. Das Sahnegeschnetzelte dazu anrichten.

Weitere einszwei-Rezepte mit TK-Erbsen:
Calamaritopf mit Tomaten und Erbsen_Seite 31
Erbsensuppe mit Minze_Seite 63 · Blumenkohl-Erbsen-Curry_Seite 79

Lammpäckchen mit Schafkäse

Für 2 Personen:
450 g mediterranes TK-Gemüse
300 g Lammrückenfilet
3 EL Olivenöl | 50 g Schafkäse

Zum Würzen:
1 TL getrockneter Oregano | Salz
Pfeffer | 2 EL italienische TK-Kräuter

Außerdem:
Alufolie

einszwei:Variante erwünscht?
Bereiten Sie die Päckchen mit Hähnchenbrustfilet zu. Einen zusätzlichen Geschmackskick bekommt das Gericht durch 4–5 klein gewürfelte getrocknete Tomaten und 1 durchgepresste Knoblauchzehe.

Zubereitungszeit: ca. 15 Min. (ohne Auftauzeit) | Garzeit: ca. 25 Min.
Pro Portion ca. 605 kcal | 2535 kJ | 40 g EW | 33 g F | 22 g KH

1 Das Gemüse rechtzeitig aus dem Tiefkühlfach nehmen, auf einen Teller geben und auftauen lassen (s. S. 55). Von der Alufolie 2 lange Stücke (je 30 cm x 1 m) abtrennen, diese jeweils längs einmal falten (30 x 50 cm).

2 Den Backofen auf 220° (Umluft 200°) vorheizen. Das Fleisch kalt abspülen, mit Küchenpapier trockentupfen und in feine Streifen schneiden. Mit Oregano, Salz und Pfeffer würzen. Das Öl in eine Schüssel geben. Das Fleisch, das Gemüse und die TK-Kräuter dazugeben, salzen und pfeffern. Alles gut vermischen.

3 Jeweils die Hälfte der Fleisch-Gemüse-Mischung auf eine Folienhälfte geben. Den Schafkäse darüber bröckeln und jeweils 3 EL Wasser darauf träufeln. Die Alufolie darüber schlagen und an den drei offenen Seiten nach oben (damit der Saft nicht rausläuft) zweimal ca. 1 cm Folie umknicken und falzen, so dass geschlossene Päckchen entstehen. Die Päckchen auf das Backblech legen, im heißen Backofen (Mitte) ca. 25 Min. garen und sofort servieren.

einszwei:Effektvoll servieren!
Öffnen Sie die Päckchen erst bei Tisch, sonst bringen Sie sich und Ihren Gast um das umwerfende Dufterlebnis! Als Beilage frisches Baguette dazureichen.

Schweinefilet in Blätterteig

einszwei:Kleine Schinkenkunde!
Parmaschinken ist luftgetrocknet und behält beim Backen sein feines Aroma. Serranoschinken ebenso. Geräucherten Schinken sollten Sie besser nicht verwenden, er ist zu salzig.

Für 2 Personen:
2 Scheiben TK-Blätterteig (225 g) | 2 EL Pinienkerne (s. Tipp S. 65)
300 g Schweinefilet (aus der Mitte) | 1 EL Öl | 1 Ei
2 große längliche Scheiben Parmaschinken

Zum Würzen: Salz | Pfeffer

Außerdem: Backpapier für das Backblech | etwas Mehl für die Arbeitsfläche

Zubereitungszeit: ca. 20 Min. (ohne Auftauzeit) | Backzeit: ca. 35 Min. | Zeit zum Ruhen: ca. 10 Min.
Pro Portion ca. 810 kcal | 3390 kJ | 45 g EW | 53 g F | 40 g KH

1 Die Blätterteigscheiben rechtzeitig aus dem Tiefkühlfach nehmen, nebeneinander auf die Arbeitsfläche legen und ca. 10 Min. auftauen lassen. Die Pinienkerne im Blitzhacker (s. S. 16) oder mit dem Messer grob hacken. Das Schweinefilet rundherum salzen und pfeffern. Das Öl in einer Pfanne erhitzen und das Fleisch darin bei mittlerer Hitze von allen Seiten, auch an den Enden, in 4–5 Min. goldbraun anbraten. Vom Herd nehmen und etwas abkühlen lassen. Den Backofen auf 200° vorheizen. Ein Backblech mit Backpapier belegen.

2 Etwas Mehl auf die Arbeitsfläche streuen. 1 Blätterteigscheibe darauf geben und mit den gehackten Pinienkernen bestreuen. Die zweite Blätterteigscheibe darauf legen. Die Oberfläche mit etwas Mehl bestreuen, damit nichts klebt. Den Teig mit einem Nudelholz (ersatzweise tut's auch eine Flasche) zu einem Rechteck von ca. 20 x 30 cm ausrollen. Das Ei trennen: Das Eiweiß anderweitig verwenden, das Eigelb in einer Tasse mit 1 TL kaltem Wasser verrühren.

3 Das Schweinefilet mit den Schinkenscheiben umwickeln, auf den Blätterteig setzen und nicht zu stramm einpacken (der Teig geht beim Backen noch auf, und dazu braucht er Platz). Das Päckchen mit der Naht nach unten auf das Backblech setzen. Die Oberfläche mit der Eigelbmischung bestreichen (am besten mit einem Küchenpinsel). Das Blech in den heißen Backofen schieben (Mitte, keine Umluft) und das Schweinefilet in Blätterteig in 30–35 Min. goldbraun backen. Herausnehmen und 10 Min. ruhen lassen. Mit einem scharfen Messer schräg in 4 Stücke schneiden und servieren.

einszwei:Feines Sößchen gefällig?
Von 1/2 Bund Basilikum die Blätter abzupfen und fein hacken. 1 kleine Knoblauchzehe schälen und durchpressen. 125 g Sauce hollandaise (z. B. von Thomy, aus dem Tetrapak) mit 2 EL Weißwein in einem Töpfchen erwärmen, Basilikum und Knoblauch unterrühren, fertig! Die restliche Sauce hollandaise können Sie z. B. für die Dillsauce von Seite 71 verwenden.

Weiteres einszwei-Rezept mit TK-Blätterteig:
Spinat-Schafkäse-Taschen_Seite 57

Pfannkuchen mit Mohn-Quark-Füllung

Hauptgericht für 2 Personen, Dessert für 4 Personen:
4 Pfannkuchen (auch Palatschinken, ca. 250 g; aus dem Kühlregal)
1 Ei | 2 EL Zucker
4 EL Sahne
250 g Magerquark
1 Packung backfertige Mohnmischung (250 g; aus dem Backzutatenregal)

Außerdem:
1 ofenfeste Form
etwas Butter für die Form

einszwei:Resteküche!
Pfannkuchen gibt es in verschiedenen Packungen, mal mit 5 größeren, mal mit 10 kleineren. Aus dem Rest zaubern Sie ein feines Süppchen. Pro Person 200 ml Geflügel- oder Gemüsebrühe (Instant) erhitzen. 1 Pfannkuchen mit 1 EL Pesto (aus dem Glas) bestreichen, aufrollen und in 1/2 cm breite Scheiben schneiden. In einen Suppenteller legen und vorsichtig mit der kochend heißen Brühe begießen.

Zubereitungszeit: ca. 15 Min. | Backzeit: ca. 25 Min.
Pro Portion ca. 955 kcal | 4000 kJ | 41 g EW | 43 g F | 103 g KH

1 Die Pfannkuchen rechtzeitig aus dem Kühlschrank nehmen und Zimmertemperatur annehmen lassen. Vorsichtig auseinander lösen und nebeneinander auf die Arbeitsfläche legen. Die Form mit etwas Butter einfetten. Den Backofen auf 200° (Umluft 180°) vorheizen.

2 Das Ei trennen: Das Eigelb in ein Schüsselchen, das Eiweiß in einen hohen Rührbecher geben. 1 EL Zucker und die Sahne unter das Eigelb rühren. Beiseite stellen. Für die Füllung den Quark in eine Rührschüssel geben. Den restlichen Zucker und die Mohnmischung dazugeben. Das Eiweiß mit den Schneebesen des Handrührgerätes steif schlagen. Dann mit den Schneebesen die Mohn-Quark-Mischung verquirlen. Den Eischnee mit einem Teigschaber oder einem Schneebesen unter die Quarkmasse ziehen. Rühren Sie dabei nicht zu stark, die Masse soll schön luftig werden!

3 Jeweils 2 EL Füllung auf jeden Pfannkuchen geben, etwas verstreichen und die Pfannkuchen nicht zu straff aufrollen (die Füllung braucht ein bisschen Platz zum Aufgehen!). Die Pfannkuchen mit der Naht nach unten dicht an dicht in die Form legen. Die Eigelbmischung gleichmäßig darüber gießen und die Form auf den Rost in den heißen Ofen (Mitte) stellen. Die Pfannkuchen ca. 25 Min. backen.

einfacher geht's nicht

Himbeeren mit Eierlikörcreme

Für 2 Personen: 300 g TK-Himbeeren (wahlweise TK-Brombeeren oder -Heidelbeeren)
1 Zweig Melisse | 2 EL Mascarpone
1 TL Puderzucker | 4 EL Eierlikör

Zubereitungszeit: ca. 5 Min. (ohne Auftauzeit)
Pro Portion ca. 180 kcal | 755 kJ | 3 g EW | 8 g F | 9 g KH

1 Die Beeren rechtzeitig aus dem Tiefkühlfach nehmen, in zwei Dessertschälchen verteilen und auftauen lassen.

2 Die Melisse waschen und trockenschütteln, die Blättchen vom Stiel zupfen. Den Mascarpone und den Puderzucker in eine Schüssel geben und mit dem Schneebesen glatt verrühren. Den Eierlikör löffelweise dazugeben und unterrühren.

einszwei:Schnelle Sauce!
Aus dem Mascarpone-Rest (ca. 150 g) wird ratzfatz eine Pastasauce: 1 Bund Rucola waschen und grob hacken. 6 Kirschtomaten waschen und klein würfeln. Den Mascarpone erhitzen. 1–2 Knoblauchzehen schälen und dazupressen, Rucola und Tomaten unterrühren und 2 Min. erhitzen. Salzen und pfeffern. Mit Tortellini (aus dem Kühlregal) und Parmesan servieren.

3 Jeweils 1 Klecks Eierlikörcreme auf die Beeren geben. Mit den Melisseblättchen dekorieren und servieren.

beerenstark

Rote Grütze mit Vanillesauce

Für 2 Personen: 225 g TK-Beerenmischung | 1 EL Zucker
1 gehäufter TL Speisestärke | 1 EL Zitronensaft | 1–2 EL Aprikosen- oder Cassislikör
100 ml Vanillesauce (aus dem Tetrapak; wahlweise 4 EL Sahne)

Zubereitungszeit: ca. 20 Min. | Kühlzeit: mind. 2 Std.
Pro Portion ca. 165 kcal | 690 kJ | 3 g EW | 1 g F | 32 g KH

1 Die Beeren aus dem Tiefkühlfach nehmen und unaufgetaut in einen Topf geben. Den Zucker und 4 EL Wasser dazugeben. Die Speisestärke in ein Schüsselchen geben und 4 EL kaltes Wasser unterrühren, bis sich die Stärke vollständig aufgelöst hat.

2 Den Deckel auf den Topf setzen und die Beeren zum Kochen bringen. Die aufgelöste Stärke einrühren und bei starker Hitze 2 Min. unter ständigem Rühren kräftig kochen lassen (Vorsicht, das blubbert und kann spritzen!). Den Topf vom Herd nehmen und die Grütze mit Zitronensaft und eventuell Likör abschmecken.

3 Die Grütze in zwei Dessertschälchen füllen, vollständig abkühlen lassen, dann mindestens 2 Std. in den Kühlschrank stellen und fest werden lassen. Zum Servieren die Vanillesauce (oder die flüssige Sahne) darüber träufeln.

Weiteres einszwei-Rezept mit TK-Himbeeren: *Eisgugelhupf mit Cassis-Sauce_Seite 95*

8 Zutaten für 4 Dessertfans

Erdbeer-Tiramisu

Für 4 Personen:
300 g TK-Erdbeeren | 2 EL Puderzucker | 150 ml Orangensaft (aus dem Kühlregal oder frisch gepresst)
100 g Sahne | 250 g Mascarpone
3 EL Eierlikör | ca. 150 g Löffelbiskuits
1 EL ungesüßtes Kakaopulver

Außerdem:
1 eckige Dessertform mit hohem Rand (ca. 15 x 20 cm)

Zubereitungszeit: ca. 20 Min.
Antauzeit: ca. 1 Std. | Kühlzeit: ca. 2 Std.
Pro Portion ca. 605 kcal | 2535 kJ | 8 g EW | 41 g F | 47 g KH

einszwei:Das Original!
Fürs echte italienische Tiramisu schlägt man für die Creme 2 sehr frische Eigelbe mit dem Puderzucker auf, rührt den Mascarpone unter und zieht zum Auflockern statt der Sahne die zu Schnee geschlagenen Eiweiße unter. Wenn Sie eine sichere Quelle für Eier haben, ist die Salmonellengefahr gering. Ansonsten ist Eierlikör eine gute Alternative.

1 Die Erdbeeren 1 Std. vor Beginn der Zubereitung aus dem Tiefkühlfach nehmen, in eine Schüssel geben und antauen lassen. Dann auf der Arbeitsfläche mit einem scharfen Messer in ca. 1/2 cm große Stückchen schneiden. Wieder in die Schüssel geben und mit 1 EL Puderzucker vermischen. Den Orangensaft abmessen und in eine flache Schale schütten.

2 Die Sahne in einen hohen Rührbecher gießen und mit dem Handrührgerät steif schlagen (die Schneebesen des Handrührgerätes nicht abwaschen, die brauchen Sie gleich noch mal). Den Mascarpone mit dem restlichen Puderzucker und dem Eierlikör in eine Rührschüssel geben und mit dem Handrührgerät gut verquirlen. Erst die Erdbeeren, dann die Sahne mit einem Teigschaber (oder einem Löffel) unterheben.

3 2 EL Erdbeercreme in die Dessertform geben und auf dem Boden verstreichen. Die Biskuits aus der Packung nehmen und einzeln nicht länger als 1–2 Sek. in den Orangensaft tauchen, so dass sie sich ein wenig voll saugen, und eine Lage dicht an dicht in die Form legen. Die Hälfte der restlichen Creme darauf geben und glatt streichen. Wieder eine Lage getränkte Biskuits einschichten. Die übrige Creme darauf verteilen. Die Form mindestens 2 Std. zugedeckt in den Kühlschrank stellen. Kurz vor dem Servieren den Kakao über das Tiramisu stäuben (am besten durch ein Teesieb).

einszwei:Eintauchen!
Tauchen Sie die Löffelbiskuits wirklich nur ganz kurz in den Orangensaft. Sie saugen sich schnell voll und brechen dann leicht!

einszwei:Tiramisu für zwei!
Wenn Sie nur 2 Portionen gleich brauchen, können Sie den Rest auch einfrieren und zu einer anderen Gelegenheit als Halbgefrorenes (30 Min. vor dem Servieren aus dem Tiefkühlfach nehmen!) servieren. Tipp: Noch mal etwas Kakaopulver frisch darüber stäuben, sieht hübscher aus!

Festdessert für 4

Eisgugelhupf mit Cassis-Sauce

Für 4 Personen:
1/2 l Vanilleeis | 10 Amarettini (kleine italienische Mandelmakronen)
300 g TK-Himbeeren | 1 TL Zucker | 1 EL Zitronensaft
4 EL Cassis (französischer Johannisbeerlikör)

Außerdem: 1 kleine Gugelhupfform (ca. 750 ml Füllmenge)

Zubereitungszeit: ca. 20 Min. (ohne Auftauzeit) | Kühlzeit: ca. 2 Std.
Pro Portion ca. 280 kcal | 1170 kJ | 5 g EW | 14 g F | 30 g KH

einszwei:Gut in Form!
Sie haben keine Gugelhupfform? Kein Problem! Sie können die Eismischung natürlich auch in einer Kuchenkastenform oder einfach in einer Schüssel gefrieren lassen.

1 Das Vanilleeis aus dem Tiefkühlfach nehmen, in eine Rührschüssel geben und auftauen lassen. Die Amarettini in einen Gefrierbeutel füllen. Mit einem Nudelholz oder einer Flasche darüber rollen und die Makronen grob zerbröseln.

2 Die Makronenbrösel unter das aufgetaute Vanilleeis rühren.
Die Himbeeren aus dem Tiefkühlfach nehmen und die Hälfte davon unaufgetaut ebenfalls untermischen. Die Vanilleeis-Beeren-Mischung in die Gugelhupfform füllen, glatt streichen und ca. 2 Std. zugedeckt ins Tiefkühlfach stellen.
Für die Sauce die restlichen Beeren in einen hohen Rührbecher geben, Zucker, Zitronensaft und Cassis untermischen und die Beeren bei Zimmertemperatur auftauen lassen.

einszwei:Schokokick!
Schokoladenfans rühren mit den Makronenbröseln noch 1 EL Schokoraspel (aus dem Backzutatenregal) unter das Vanilleeis.

3 Zum Servieren die nun aufgetauten Himbeeren mit dem Pürierstab pürieren. (Wer die Kernchen nicht mag, kann die Sauce noch durch ein feines Sieb streichen.) Den Eisgugelhupf aus dem Tiefkühlfach nehmen, auf einen Teller stürzen, in Stücke schneiden und mit der Sauce servieren.

einszwei:So geht's ganz einfach!
10 cm hoch heißes Wasser ins Spülbecken einlaufen lassen. Das Eis mit einem spitzen Messer vom Rand lösen. Die Gugelhupfform 20 Sek. ins heiße Wasser stellen, dann einen Teller darauf legen, Teller und Form zusammen wenden und den Eisgugelhupf auf den Teller stürzen. Die Form abheben. Ein Messer ins heiße Wasser tauchen und den Gugelhupf damit in Stücke schneiden. Wenn Sie nur 2 Portionen gleich brauchen, den Rest zurück in die Form und ins Tiefkühlfach geben und am nächsten Tag genießen.

Weiteres einszwei-Rezept mit TK-Himbeeren: *Himbeeren mit Eierlikörcreme_Seite 91*

:tüten- und packungsweise

Kartoffeln, Knödel und Couscous kommen Ihnen nicht aus der Tüte? Nicht so voreilig, geschickt kombiniert und mit ein paar Tricks verfeinert, ist Tütenware auf die Schnelle eine tolle Sache. Das Beste daran: Es kann (fast) nichts schief gehen!

Eines der ältesten Fertigprodukte überhaupt, aber aktuell wie nie: **Kartoffelflocken** für Püree, Puffer oder Knödel. Die ersparen Ihnen das lästige Kartoffelschälen, Reiben etc. Einfach fix mit Wasser anrühren und mit **Instant-Couscous** um die Wette quellen lassen. Sie wollen es noch schneller, noch einfacher? Wie wäre es dann mit **Express-Reis** aus dem Beutel oder Becher? In der Mikrowelle erwärmt, steht er in 1–2 Minuten auf dem Tisch!

Damit Sie bei dem (Über-)Angebot und immer neuen Produkten jedoch nicht in die Werbefalle tappen, vergleichen Sie gut! Viele sind ganz in Ordnung, andere kommen mit ellenlangen Listen an **Farbstoffen** und **Konservierungsmitteln** (s. auch S. 119) daher. Bratkartoffeln im Vakuumpack, Knödel im Kochbeutel oder Lasagneblätter ohne Vorkochen sind tolle Hilfen für die schnelle Küche. Aber seien Sie stets kritisch und lesen Sie auch das »Kleingedruckte« auf der Verpackung!

Haben Sie Lust auf Süßes? Naschkatzen finden im Fertigprodukteregal eine reiche Auswahl. Besonders praktisch für schnelle Nachspeisen: **Dessertcremepulver.** Einfach mit Milch und Sahne aufschlagen und mit allerlei Beeren, Fruchtpüree, Schokoraspeln, Nüssen, Likören und vielem mehr nach Lust und Laune variieren und verfeinern. Probieren Sie am besten ein paar Sorten durch, denn auch da gibt's bessere und schlechtere. Wer auf Gelatine und künstliche Aromastoffe konsequent verzichten möchte, wird im Bioladen fündig.

mit feiner Knusperhülle

Cornflakes-Schnitzelchen mit Mango-Dip

Für 2 Personen:
4 EL Mangochutney (aus dem Glas)
50 g Cornflakes
1 Ei | 250 g Schweinefilet
3 EL neutrales Pflanzenöl

einszwei:Variante gefällig?
Die Schnitzelchen schmecken auch prima mit einer Hülle aus Sesamsamen oder fein zerbröselten Kokoschips (gibt es im Bioladen oder Reformhaus, nicht zu verwechseln mit Kokosraspeln).

Zum Würzen:
1 EL Zitronensaft | Salz | Cayennepfeffer

Zubereitungszeit: ca. 20 Min.
Pro Portion ca. 430 kcal | 1800 kJ | 31 g EW | 18 g F | 37 g KH

einszwei:Mangochutney aufbewahren!
Das angebrochene Mangochutney hält sich wie Marmelade problemlos über Monate im Kühlschrank. Tolle exotisch-würzige Kombi für Sandwich-Fans: Streichen Sie es doch mal aufs Butterbrot und belegen Sie es mit geräucherter Putenbrust oder kaltem Braten!

1 Das Mangochutney in einen hohen Rührbecher geben. Den Zitronensaft dazugeben und mit dem Pürierstab fein pürieren. Den Mango-Dip in ein Servierschüsselchen umfüllen. Die Cornflakes abwiegen und in einen Gefrierbeutel geben. Mit einem Nudelholz oder einer Flasche darüber rollen und die Flakes fein zerbröseln. In einen tiefen Teller geben.

2 Das Ei trennen, das Eigelb anderweitig verwenden, das Eiweiß in einen weiteren tiefen Teller geben. 1 TL kaltes Wasser hinzufügen und das Eiweiß mit einer Gabel verschlagen, bis es leicht schäumt. Das Fleisch in 8 gleich dicke Scheiben schneiden. Die Fleischscheiben mit dem Handballen etwas flach drücken und auf beiden Seiten mit Salz und Cayennepfeffer würzen. Jede Scheibe erst durch das Eiweiß ziehen, dann in den Cornflakes-Bröseln wenden, die Brösel leicht andrücken.

3 Das Öl in einer Pfanne erhitzen. Die Schnitzelchen darin portionsweise (s. S. 9) bei starker Hitze von jeder Seite 2 Min. goldbraun braten. Mit einem Pfannenwender herausheben und auf Küchenpapier abtropfen lassen. Mit dem Mango-Dip servieren.

einszwei:Und das Eigelb?
Das übrige Eigelb können Sie 1–2 Tage im Schraubglas im Kühlschrank aufbewahren und für die Spinat-Schafkäse-Taschen von Seite 57 oder das Schweinefilet in Blätterteig von Seite 87 verwenden.

edles Fingerfood zum Aperitif

Tortilla-Chips mit Shrimps

Für 2 Personen: 1 unbehandelte Limette | 150 g gegarte Shrimps (aus dem Kühlregal) | 1 Tomate
1 Stück frischer Ingwer (ca. 2 cm; s. Tipp S. 29) | 1/2 Bund Koriandergrün | 10–12 Tortilla-Chips
Zum Würzen: Salz | Zucker

Zubereitungszeit: ca. 20 Min.
Pro Portion ca. 200 kcal | 835 kJ | 15 g EW | 8 g F | 16 g KH

einszwei:Tomaten fix entkernt!
Halbieren Sie die Tomate. Nehmen Sie dann jeweils 1 Tomatenhälfte in beide Hände und drücken Sie mit den Daumen – gleich über dem Abfalleimer – die Kerne heraus.

1 Die Limette heiß waschen, abtrocknen und halbieren. Von einer Hälfte 1/2 TL Schale fein abreiben und 2–3 EL Saft auspressen (s. Tipp S. 47). Die Shrimps aus der Packung nehmen und fein hacken.

2 Die Tomate waschen, halbieren, Stielansatz und Kerne entfernen. Die Tomatenhälften klein würfeln und auf Küchenpapier abtropfen lassen. Den Ingwer schälen und auf der Universalreibe (s. S. 16/17) fein reiben. Das Koriandergrün waschen und trockenschütteln, grobe Stiele entfernen, den Rest fein hacken.

3 Tomaten, Ingwer, Koriander, Shrimps, Limettenschale und -saft in eine Schüssel geben, gut vermischen und mit je 1 Prise Salz und Zucker abschmecken. Die Tortilla-Chips auf eine Platte legen. Auf jeden Chip 1 TL Shrimps-Mischung geben und sofort servieren.

auf die Hand

Tacos mit Avocado-Hähnchen-Salat

Für 2 Personen: 1/2 Grillhähnchen (fertig gekauft) | 1 große Fleischtomate | 1 reife Avocado (ca. 300 g) | 2 EL Zitronensaft | 100 ml Taco-Sauce (aus dem Glas; nach Belieben »mild« oder »scharf«) | 6 Taco-Schalen (ca. 60 g)
Zum Würzen: Salz | Pfeffer
Außerdem: 6 Papierservietten

Zubereitungszeit: ca. 20 Min.
Pro Portion ca. 770 kcal | 3225 kJ | 39 g EW | 54 g F | 33 g KH

einszwei:Avocado frisch halten!
Beträufeln Sie Avocadospalten oder -würfel immer sofort mit Zitronen- oder Limettensaft, sonst werden sie braun. Wenn Sie nur 1 Avocadohälfte brauchen: Kern in der übrigen Hälfte lassen, diese in Frischhaltefolie wickeln. So bleibt sie 2–3 Tage im Kühlschrank frisch.

1 Das Grillhähnchen abkühlen lassen, häuten und das Fleisch von den Knochen lösen (geht am besten mit den Händen). Das Hähnchenfleisch in ca. 1 cm große Stücke schneiden. Den Backofen auf 175° vorheizen.

2 Die Tomate waschen, halbieren, Stielansatz und Kerne entfernen. Tomatenhälften klein würfeln, auf Küchenpapier abtropfen lassen, salzen und pfeffern. Die Avocado längs halbieren, die Hälften gegeneinander verdrehen, auseinander lösen und den Kern entfernen. Avocadofleisch in der Schale längs und quer einschneiden, dann mit einem Esslöffel die Avocadowürfel herauslösen. In eine Schüssel geben und mit dem Zitronensaft vermischen. Hähnchenfleisch, Tomatenwürfel und Taco-Sauce untermischen.

3 Die Taco-Schalen auf ein Blech legen und im heißen Backofen (Mitte, keine Umluft) in ca. 5 Min. knusprig aufbacken. Jede Taco-Schale auf eine Serviette legen und den Salat einfüllen. Sofort aus der Hand essen.

knusprig

Zucchinipuffer mit Quark-Dip

Für 2 Personen:
80 g Kartoffelpufferflocken (z. B. von Pfanni)
6 Walnusshälften | 200 g Kräuterquark
(aus dem Kühlregal) | 1 kleine Knoblauchzehe
1 kleine Salatgurke | 1 kleiner Zucchino (ca. 100 g)

Zum Würzen: Salz

Außerdem: neutrales Pflanzenöl zum Ausbacken

Zubereitungszeit: ca. 15 Min. | Bratzeit: ca. 15 Min.
Pro Portion ca. 500 kcal | 2305 kJ | 22 g EW | 31 g F | 45 g KH

einszwei:Fix getauscht!
Ersetzen Sie die Zucchiniraspel durch feine Möhrenstifte (fertig aus dem Kühlregal) und mischen Sie 2 EL frisch gehackte Petersilie unter. Mit je 1/2 TL gemahlenem Koriander und Kreuzkümmel gewürzt bekommen die Zucchinipuffer einen orientalischen Touch.

1 200 ml kaltes Wasser abmessen. Die Kartoffelpufferflocken abwiegen und in eine Schüssel geben, nach Packungsanweisung mit dem Wasser anrühren und 10 Min. quellen lassen. Die Nüsse im Blitzhacker (s. S. 16) oder mit einem großen Messer fein hacken.

2 Für den Dip den Quark in eine Schüssel füllen. Den Knoblauch schälen und ganz fein hacken oder mit der Knoblauchpresse dazupressen und unterrühren. Die Salatgurke waschen, 10 cm abschneiden, längs halbieren, die Kerne mit einem Teelöffel herauskratzen und die Gurke mit der Universalreibe (s. S. 16/17) grob raspeln. Unter den Quark mischen und den Dip mit Salz abschmecken. Die übrige Salatgurke in Scheiben schneiden. Für die Zucchinipuffer den Zucchino waschen, putzen und ebenfalls grob raspeln. Die Zucchiniraspel mit etwas Salz bestreuen und 5 Min. Wasser ziehen lassen, dann gut ausdrücken. Mit den gehackten Walnüssen unter die Kartoffelmasse rühren.

3 1 cm hoch Öl in einer Pfanne erhitzen (s. Tipps S. 105). In 2 Portionen je 3 Puffer backen: Dafür pro Puffer jeweils 2 EL Kartoffelpuffermasse in die Pfanne geben und das Häufchen zu einem runden Puffer flach drücken. Bei mittlerer Hitze von jeder Seite 3–4 Min. goldbraun backen. Die Puffer mit einem Pfannenwender herausnehmen, auf Küchenpapier abtropfen lassen und mit dem Quark-Dip und den Gurkenscheiben servieren.

einszwei:Puffer für viele!
Die Zucchinipuffer sind ein preiswertes Essen für viele. Wenn Sie eine größere Menge herstellen, dann halten Sie sie auf einer Platte im Backofen bei 70° warm, bis alle gebacken sind.

orientalisches Fastfood

Kichererbsenbällchen mit Sesam-Dip

Für 2 Personen:
1/2 Packung Falafel-Fertigmischung (in Pulverform, 200 g; aus dem Bioladen)
2 EL Tahina-Paste (Sesampaste; aus dem Bio- oder Orientladen)
4 EL Zitronensaft
2 EL Olivenöl
1 Knoblauchzehe

Zum Würzen: Salz | Cayennepfeffer

Außerdem: reichlich neutrales Pflanzenöl zum Frittieren

Zubereitungszeit: ca. 20 Min.
Pro Portion ca. 580 kcal | 2430 kJ | 24 g EW | 34 g F | 47 g KH

einszwei:Öl wieder verwenden!
So viel Öl für 2 Portionen Kichererbsenbällchen? Keine Sorge, Sie können es zum Braten oder Frittieren wieder verwenden. Abgekühlt durch einen Kaffeefilter in eine Flasche gießen und kühl aufbewahren.

1 200 ml kaltes Wasser abmessen. Das Falafelpulver in eine Schüssel geben, mit dem Wasser anrühren und 10 Min. quellen lassen.

2 Die Tahina-Paste in eine Schüssel geben. Den Zitronensaft, 1 EL Olivenöl und 2 EL kaltes Wasser untermischen. Die Knoblauchzehe schälen und ganz fein hacken oder mit der Knoblauchpresse dazupressen und unterrühren. Mit Salz und Cayennepfeffer abschmecken. Den Dip in ein Servierschälchen füllen, das restliche Olivenöl darauf träufeln und 1 Prise Cayennepfeffer darüber streuen.

3 Aus der Kichererbsenmasse mit angefeuchteten Händen 8–10 walnussgroße Kugeln formen. 5 cm hoch Öl in einem Topf erhitzen. Die Bällchen darin bei mittlerer Hitze in 4–5 Min. goldbraun frittieren. Herausheben (am besten mit einem Schaumlöffel) und auf Küchenpapier abtropfen lassen. Heiß mit dem Sesam-Dip servieren.

einszwei:Manche mögen's heiß!
Um zu sehen, ob das Öl schon heiß genug ist, halten Sie einen Holzlöffelstiel hinein. Wenn daran sofort kleine Bläschen hochsteigen, können Sie die Kichererbsenbällchen – portionsweise – einlegen. Nicht zu viele auf einmal, sonst kühlt das Öl zu stark ab.

einszwei:Dazu passen …
… knusprig aufgebackenes Fladenbrot, Gurken- und Tomatenscheiben und schwarze Oliven. Statt mit Sesam-Dip schmecken die Kichererbsenbällchen auch mit dem Quark-Dip von Seite 103!

Würziges zum Löffeln in 25 Min.

Provenzalisches Kartoffelpüree

Für 2 Personen:
1 kleine Aubergine
2 kleine Zucchini | 1 Zwiebel
1 Tetrapak Tomatenpüree »Knoblauch« (370 g)
3 EL Olivenöl
1 Päckchen Kartoffelpüreeflocken
(mit Milch, für 2 Portionen)

Zum Würzen: Salz | 2 EL TK-»Kräuter der Provence« | Pfeffer

einszwei:Kartoffelbrei!
Für dieses Rezept wurde ein sog. »komplettes« Püree genommen, das schon Milch enthält. Aber natürlich können Sie Ihre Lieblingssorte verwenden, eventuell mit Wasser und Milch zubereiten und vor dem Servieren ein Stückchen Butter untermischen.

Zubereitungszeit: ca. 25 Min.
Pro Portion ca. 615 kcal | 2575 kJ | 14 g EW | 29 g F | 72 g KH

1 Die Aubergine waschen und putzen. Erst längs in dicke Scheiben, diese in Streifen und schließlich in ca. 1 cm große Würfel schneiden. Die Würfel in ein Sieb geben, mit etwas Salz bestreuen und 10 Min. Wasser ziehen lassen. Die Zucchini waschen, putzen und ebenfalls klein würfeln. Die Zwiebel schälen, längs halbieren und in feine Spalten schneiden. Die Auberginenwürfel kalt abspülen. Auf Küchenpapier geben und gut ausdrücken. Die Tomatenpüree-Packung öffnen.

einszwei:Auberginen braten!
Das Salz entzieht den Auberginen Wasser und Bitterstoffe. Gut ausgedrückt und trockengetupft saugen sie viel weniger Öl auf, sind dadurch bekömmlicher und werden wunderbar aromatisch. Wenn Sie sie vorgebraten unter das übrige Gemüse mischen, sehen sie übrigens hübscher aus. Das Auge isst schließlich mit!

2 2 EL Öl in einer Pfanne erhitzen. Die Auberginenwürfel darin bei starker Hitze 3 Min. unter Rühren braten. Mit dem Pfannenwender herausnehmen und auf einen Teller legen. Das restliche Öl in die Pfanne geben und die Zwiebel und die Zucchini darin bei mittlerer Hitze 3 Min. braten. Das Tomatenpüree und die TK-Kräuter (unaufgetaut) untermischen und alles zugedeckt bei mittlerer Hitze 5 Min. schmoren lassen. Dann die Auberginenwürfel untermischen und mit Salz und Pfeffer abschmecken. Das Ratatouille zugedeckt weiterschmoren lassen, bis das Püree fertig ist.

3 Für das Püree 350 ml Wasser im Wasserkocher erhitzen, in eine hitzebeständige Schüssel füllen und 1/4 TL Salz hinzufügen. Die Kartoffelflocken einrühren und 3 Min. quellen lassen. Gut durchrühren, in zwei Schalen füllen und das Ratatouille darauf geben.

mit knuspriger Kruste

Kartoffel-Brokkoli-Gratin

Für 2 Personen:
300 g TK-Brokkoli
1 Packung Bratkartoffeln
(400 g, Vakuumpack) | 100 g Sahne
50 g geriebener Gratinkäse
(aus dem Kühlregal; s. Tipp S. 27)
2 EL Mandelstifte (s. Tipp S. 73)

Zum Würzen:
Muskatnuss (s. Tipp S. 63)
Salz | Pfeffer

Außerdem:
1 Auflaufform

einszwei:Abwechslung gefällig?
Für Spinat-Gratin die Hälfte der Kartoffeln in der Form verteilen. 450 g aufgetauten TK-Blattspinat zerzupfen und darauf geben, salzen und pfeffern. Restliche Kartoffeln darüber geben. 80 g Schafkäse darüber bröckeln, mit 2 EL Pinienkerne bestreuen. Vor dem Backen mit einer Mischung aus 50 ml Instant-Gemüsebrühe und 3 EL Olivenöl beträufeln.

Zubereitungszeit: ca. 10 Min. (ohne Auftauzeit) | Backzeit: ca. 20 Min.
Pro Portion ca. 560 kcal | 2345 kJ | 17 g EW | 39 g F | 39 g KH

1 Den Brokkoli rechtzeitig aus dem Tiefkühlfach nehmen, in eine Schüssel geben und auftauen lassen.

2 Den Backofen auf 220° (Umluft 200°) vorheizen. Die Bratkartoffeln aus der Packung in die Auflaufform drücken und darin gut verteilen. Die Brokkoliröschen je nach Größe halbieren oder ganz lassen. Mit Muskatnuss, Salz und Pfeffer würzen, zu den Kartoffeln in die Form geben und untermischen. Die Sahne gleichmäßig darüber gießen. Den geriebenen Käse und die Mandelstifte darüber streuen.

3 Die Auflaufform auf den Rost in den heißen Backofen (Mitte) stellen und das Gratin darin in ca. 20 Min. goldbraun backen. Herausnehmen, mit einem Pfannenwender in zwei Portionen teilen und auf Teller geben.

einszwei:Beilage für vier!
Das Kartoffel-Brokkoli-Gratin reicht als vegetarisches Hauptgericht für zwei oder als Gemüsebeilage zu kurzgebratenem Fleisch für vier.

orientalisch würzig in 30 Min.

Gemüse-Couscous mit Lammspießchen

Für 2 Personen:
300 g Lammrückenfilet | 3 EL Öl | 2 Möhren | 2 kleine Zucchini
1 TL gekörnte Gemüsebrühe | 100 g Instant-Couscous

Zum Würzen:
2 TL gemahlener Koriander
2 TL gemahlener Kreuzkümmel
1/4 TL Knoblauchpulver | Salz

Außerdem:
6 lange Holzspieße

Zubereitungszeit: ca. 30 Min.
Pro Portion ca. 515 kcal | 2155 kJ | 39 g EW | 21 g F | 41 g KH

einszwei:Orientkick!
Lust auf mehr orientalische Würze? Dann geben Sie, 2 Min. bevor Sie den Couscous unterrühren, noch 1 kleine Dose Kichererbsen (240 g Abtropfgewicht, vorher in ein Sieb abgießen, kalt abspülen und abtropfen lassen) und 1 Döschen gemahlenen Safran (0,1 g) zum Gemüse.

1 Das Fleisch in dünne Streifen schneiden. Die Fleischstreifen mit je 1 TL Koriander und Kreuzkümmel bestreuen und auf der Arbeitsfläche mit 1 EL Öl vermischen. Die Streifen auf die Holzspieße stecken. Die Möhren putzen, schälen, längs halbieren und in 1/2 cm dicke Halbmonde schneiden. Die Zucchini waschen, putzen und ebenfalls in 1/2 cm dicke Halbmonde schneiden. 300 ml Wasser im Wasserkocher erhitzen, in einen Messbecher gießen und die gekörnte Brühe unterrühren. Den Couscous abwiegen und bereitstellen.

2 In einem Topf 1 EL Öl erhitzen. Möhren und Zucchini darin bei mittlerer Hitze 2 Min. unter Rühren anbraten. Die Brühe angießen, den restlichen Koriander und Kreuzkümmel und das Knoblauchpulver unterrühren und bei schwacher Hitze 8 Min. offen kochen lassen. Den Couscous und 1 Prise Salz einrühren und den Topf vom Herd nehmen. Zugedeckt ziehen lassen, bis die Spieße gebraten sind.

3 Für die Lammspieße das restliche Öl in einer Pfanne erhitzen. Die Spieße darin bei mittlerer Hitze von jeder Seite 2–3 Min. braten. Den Gemüse-Couscous auf zwei Teller verteilen und je 3 Spieße darauf legen.

einszwei:Noch mehr Würze!
Knoblauchfans rühren statt des Pulvers 1–2 fein gehackte Knoblauchzehen unter das Gemüse. Chlorophyll-Tabletten (aus der Apotheke) helfen gehen den »Drachenatem« am nächsten Tag!

Weiteres einszwei-Rezept mit Instant-Couscous:
Couscous-Salat mit Kichererbsen_Seite 39

Orangenhähnchenbrust mit Früchtereis

Für 2 Personen:
1 kleine Dose Exotischer Fruchtcocktail (250 g Abtropfgewicht)
1 unbehandelte Orange | 1 EL Öl | 2 EL Mandelstifte (s. Tipp S. 73)
2 kleine Hähnchenbrustfilets (je ca. 120 g)
1 Kochbeutel Langkornreis (125 g)

Zum Würzen: Salz | Cayennepfeffer

Außerdem: 1 kleine ofenfeste Form

Zubereitungszeit: ca. 20 Min. | Garzeit: ca. 15 Min.
Pro Portion ca. 520 kcal | 2175 kJ | 34 g EW | 12 g F | 69 g KH

einszwei:Turbo-Reis!
Besitzen Sie eine Mikrowelle? Dann bereiten Sie doch Reis im Becher oder in der Tüte für die Mikrowelle (z. B. »Express-Basmati« von Uncle Ben's, für 2 Personen ca. 250 g) nach Packungsanweisung zu, der ist in 1–2 Min. fertig. Dann in eine mikrowellengeeignete Schale geben, die Früchte untermischen und noch 1 Min. bei 650 Watt erwärmen.

1 Den Backofen auf 200° (Umluft 180°) vorheizen. Den Fruchtcocktail aus der Dose in ein Sieb abgießen und gut abtropfen lassen. Die Orange heiß waschen und abtrocknen. Die Orangenschale mit der Universalreibe (s. S. 16/17) über einer Schüssel fein abreiben, das Öl unterrühren. Dann die Orange halbieren und den Saft auspressen. Die Mandelstifte in einer Pfanne ohne Fett goldbraun rösten, herausnehmen und beiseite stellen.

2 Die Hähnchenbrustfilets kalt abspülen, mit Küchenpapier trockentupfen, auf beiden Seiten mit Salz und Cayennepfeffer würzen und mit den Händen mit dem Orangenöl einreiben. Die Filets in die ofenfeste Form legen und den Orangensaft angießen. Die Form auf den Rost in den heißen Ofen (Mitte) stellen und die Hähnchenbrustfilets darin 12–15 Min. garen, nach der Hälfte der Garzeit einmal wenden.

3 1 l Wasser im Wasserkocher zum Kochen bringen, in einen Topf umfüllen und wieder aufkochen lassen. 1/4 TL Salz hinzufügen und den Reis darin nach Packungsanweisung 8–10 Min. kochen lassen. Dann den Reis abgießen, den Beutel aufschneiden und den Reis lose zurück in den heißen Topf geben. Den Früchtecocktail untermischen und zugedeckt bei schwacher Hitze 2 Min. erwärmen. Die Hähnchenbrustfilets aus dem Ofen nehmen. Den Früchtereis auf zwei Teller verteilen und mit den gerösteten Mandeln bestreuen. Die Filets darauf setzen und mit der Orangensauce aus der Form beträufeln.

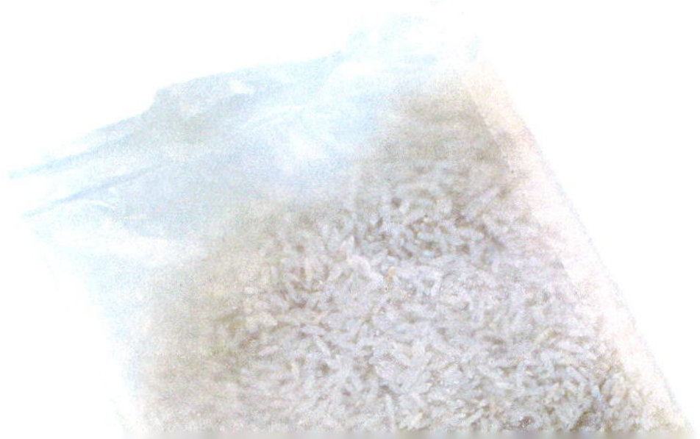

einszwei:Nüsse und Samen rösten!
Geben Sie Mandelstifte, Pinienkerne, Walnüsse oder Kürbiskerne ohne Fett in eine Pfanne (am besten in eine beschichtete) und erwärmen Sie sie auf mittlerer Stufe. Dann die Hitze reduzieren und bei schwacher Hitze und gelegentlichem Rütteln rösten, bis sie duften. Wichtig: Bleiben Sie unbedingt dabei stehen, Nüsse und Samen verbrennen sehr schnell!

luftig und frisch
Apfelschnee

Für 2 Personen: 100 ml Milch | 50 g Sahne | 1/2 Päckchen Vanillemousse-Pulver (ohne Kochen)
2 EL Zitronensaft | 1 kleiner säuerlicher Apfel (z. B. Braeburn) | 2 EL Apfelkompott (aus dem Glas)
Außerdem: 1/2 TL Zimtpulver zum Bestäuben

Zubereitungszeit: ca. 15 Min. | Kühlzeit: ca. 1 Std.
Pro Portion ca. 210 kcal | 880 kJ | 3 g EW | 10 g F | 26 g KH

1 Die Milch und die Sahne abmessen und in einen hohen Rührbecher gießen. Das Vanillemousse-Pulver unterrühren und nach Packungsanweisung mit den Schneebesen des Handrührgerätes ca. 3 Min. aufschlagen. Den Zitronensaft in eine Schüssel geben.

2 Den Apfel vierteln, schälen, das Kerngehäuse entfernen. Die Apfelviertel mit der Universalreibe (s. S. 16/17) grob raspeln und sofort unter den Zitronensaft mischen, damit die Apfelraspel nicht braun werden.

3 Das Apfelkompott und die Apfelraspel unter die Vanillemousse rühren. In zwei Dessertschälchen füllen und 1 Std. zugedeckt in den Kühlschrank stellen. Vor dem Servieren das Zimtpulver über den Apfelschnee stäuben (am besten durch ein Teesieb).

einszwei:Schwarzwald-Gruß!
Bereiten Sie die restliche Schokomousse nach Packungsanweisung mit Milch und Sahne zu. Je 1/4 davon in zwei Bechergläser füllen, darauf je 3 EL abgetropfte Schattenmorellen (aus dem Glas) geben. Mit der restlichen Schokocreme abdecken und mit Schokostreuseln bestreuen.

apartes Dessert
Schoko-Minz-Creme

Für 2 Personen: 2 Zweige frische Minze | 100 ml Milch
50 g Sahne | 1/2 Päckchen Schokomousse-Pulver (ohne Kochen)
4 Minze-Schoko-Täfelchen (z. B. »After eight«)
Außerdem: 1 feines Sieb

Zubereitungszeit: ca. 15 Min. | Kühlzeit: ca. 1 Std. 15 Min.
Pro Portion ca. 165 kcal | 690 kJ | 3 g EW | 10 g F | 15 g KH

1 Die Minze waschen und trockenschütteln, die Spitzen für die Deko abzupfen, in angefeuchtetes Küchenpapier wickeln und in den Kühlschrank legen. Die übrigen Blättchen abzupfen. Milch und Sahne abmessen und in einen Topf geben. Die Minzeblättchen dazugeben. Zum Kochen bringen, sofort vom Herd ziehen. Erst auf Zimmertemperatur abkühlen lassen, dann zugedeckt im Kühlschrank vollständig erkalten lassen.

2 Die Minzemilch aus dem Kühlschrank nehmen und durch ein feines Sieb in einen hohen Rührbecher gießen. Das Schokomousse-Pulver unterrühren und nach Packungsanweisung mit den Schneebesen des Handrührgerätes ca. 3 Min. aufschlagen.

3 Die Creme in zwei Dessertschälchen füllen und 1 Std. zugedeckt in den Kühlschrank stellen. Mit den Minzespitzen und Minze-Schoko-Täfelchen dekoriert servieren.

Latte-macchiato-Creme

Für 2 Personen:
2 Beutel Instant-Cappuccino-Pulver (ungesüßt, je ca. 10 g)
300 ml entrahmte Milch (1,5 % Fett)
100 g Sahne | 6 EL Kaffeelikör (z. B. Kahlúa)
1 Päckchen Vanillemousse-Pulver (ohne Kochen)
2 Prisen ungesüßtes Kakaopulver

Außerdem:
2 Latte-macchiato-Gläser (oder 2 hohe Tassen)
2 Löffel mit langem Stiel

Zubereitungszeit: ca. 15 Min. | Kühlzeit: ca. 30 Min.
Pro Portion ca. 480 kcal | 2010 kJ | 7 g EW | 20 g F | 58 g KH

einszwei:Mini-Dessert für vier!
Soll's nur ein kleiner süßer Abschluss für vier sein, je 1 EL Kaffeelikör in ein kleines Glas geben, die Cappuccino-Vanille-Creme darüber geben und kalt stellen. Vor dem Servieren 100 g Sahne steif schlagen und 1 EL Kaffeelikör unterziehen. Die Creme damit bekrönen und je 1 Waffelröllchen hineinstecken.

1 Das Cappuccino-Pulver in eine Tasse geben. 6 EL heißes Wasser unterrühren. 200 ml Milch abmessen und mit der Sahne in einen hohen Rührbecher geben. Je 2 EL Kaffeelikör in die Latte-macchiato-Gläser gießen, so dass der Boden bedeckt ist.

2 Das Vanillemousse-Pulver unter die Sahne-Milch-Mischung rühren und mit den Schneebesen des Handrührgerätes ca. 3 Min. aufschlagen. Das aufgelöste Cappuccino-Pulver aus der Tasse dazugeben und mit einem Schneebesen unterziehen. Die Creme in die vorbereiteten Gläser füllen und mindestens 30 Min. zugedeckt in den Kühlschrank stellen.

3 Vor dem Servieren die restliche Milch in einem Topf erwärmen, aber nicht kochen lassen. Vom Herd ziehen und die Milch mit einem Milchaufschäumer (oder einem Schneebesen) zu sehr feinem Schaum aufschlagen. Die Gläser aus dem Kühlschrank nehmen. Den Milchschaum mit einem Esslöffel auf der Creme verteilen und den restlichen Kaffeelikör auf den Schaum träufeln.

einszwei:Keine Hektik!
Sie bekommen viele Gäste und wollen das Dessert vorbereiten? Kein Problem: Die Latte-macchiato-Creme übernachtet schon mal im Kühlschrank. Aber decken Sie jedes Glas mit Frischhaltefolie zu, denn milchhaltige Speisen nehmen ruckzuck Kühlschrankgerüche an.

Weiteres einszwei-Rezept mit Vanillemousse-Pulver:
Apfelschnee_Seite 115

:Fertiges einszwei aufgepeppt

Keine Zeit oder einfach keine Lust, so »richtig« zu kochen? Aber absolut Lust auf leckeres Essen? Dann sind Sie hier richtig! Sie werden staunen, welch köstliche Gerichte mit ein paar raffinierten Zutaten, einigen kleinen **Küchentricks** und ausgewählten Fertigprodukten im Handumdrehen auf Ihrem Tisch stehen …

Und Sie werden feststellen, wie viel Spaß es macht, den schnellen Küchen-Alltag mit ein bisschen **Kreativität** aufzupeppen! Da wird aus einer ganz normalen TK-Pizza im Nu köstliches Fingerfood für Ihre Gäste, und unspektakuläres Dosengulasch verwandelt sich ohne großen Aufwand in ein provenzalisches Schlemmertöpfchen.

Ganz wichtig bei jedem Fertigprodukte-Einkauf: **Augen auf!** Greifen Sie lieber zu Markenprodukten als zu Billigware, kaufen Sie gerade Fertiges lieber im Bio-Shop und nicht beim Discounter. Außerdem: Tüten und Dosen als Erstes mal umdrehen und die Zutatenliste studieren. Je kürzer die ist und je weniger E-Nummern und sonstige eher unbekannte Zutaten da zu finden sind, desto besser.

Aber was sind eigentlich **»E-Nummern«?** Damit werden die mehr als dreihundert natürlichen, synthetischen und »naturidentischen« Zusatzstoffe gekennzeichnet, die heute in der Lebensmittelchemie eingesetzt werden, darunter vor allem Farbstoffe (E 100–199) und Konservierungsmittel (E 200–299). Fertiggerichte mit Saucen enthalten außerdem häufig den Geschmacksverstärker Glutamat (E 620), der in gutem Essen definitiv nichts zu suchen hat. Die zugelassenen Stoffe gelten als nicht gesundheitsschädlich – Allergikern können sie aber trotzdem große Probleme bereiten, Asthmaanfälle oder Migräne auslösen. Wenn Sie mehr darüber wissen möchten: Im Internet finden Sie umfangreiche und detaillierte Informationen, zum Beispiel unter www.oekotest.de.

gästetauglich

Miso-Suppe mit Garnelen-Kushi

Für 2 Personen:
100 g Cocktail-Garnelen (aus dem Kühlregal oder aufgetaut aus der Tiefkühltruhe)
1 Tüte vorgegarter Basmati-Reis (z. B. »Express-Basmati« von Uncle Ben's, 250 g)
1 dünne Stange Lauch (ca. 80 g)
1 kleine Salatgurke (ca. 120 g)
3 Tütchen Miso-Suppe (z. B. »Tofu Miso Soup« von Kikkoman; aus dem Asienladen)

Zum Würzen und Dippen:
6 EL Sojasauce | 6 EL Limettensaft

Außerdem:
2 Holz-Schaschlikspieße

Zubereitungszeit: ca. 20 Min.
Pro Portion ca. 250 kcal | 1045 kJ | 17 g EW | 4 g F | 40 g KH

einszwei:Gästetuning!
Die Misosuppe mit Garnelenspießen eignet sich super als Vorspeise für ein Asia-Gästemenü: Bei diesem Rezept können Sie nämlich mit Geling-Garantie die Zutaten einfach verdoppeln oder verdreifachen!

einszwei:Und der Rest?
Aus dem übrigen »Express-Basmati« wird ratzfatz eine prima Asia-Beilage: 80 g Lauchstreifen in 1 EL Öl 2–3 Min. braten. Reis und 2 EL Wasser dazugeben und unter Rühren ca. 3 Min. garen. 2 Eier (Größe M) mit 2 Prisen Salz und Pfeffer verquirlen und zum Reis geben. Alles unter Rühren 2–3 Min. braten, bis die Eier gestockt sind. Nochmals kräftig abschmecken – fertig!

1 Die Cocktail-Garnelen aus der Packung in ein Sieb geben, kalt abspülen und mit Küchenpapier trockentupfen. Je 3–4 Stück quer hintereinander auf einen Holz-Schaschlikspieß stecken. 3 EL Sojasauce und 3 EL Limettensaft vermischen und auf zwei kleine Schälchen verteilen. 100 g Reis abwiegen.

2 Den Lauch putzen: Äußere harte Blätter und den Wurzelansatz entfernen. Die Lauchstange zuerst der Länge nach vierteln, dann quer in ca. 8 cm lange Streifen schneiden, in einem Sieb kalt abspülen und abtropfen lassen. Die Gurke waschen und längs halbieren. Die Kerne mit einem Teelöffel herauskratzen. Die Gurkenhälften quer in feine Scheibchen schneiden.

3 1/2 l warmes Wasser (nach Packungsanweisung) abmessen und in einen Topf gießen. Den Inhalt der Miso-Suppen-Tütchen darin aufkochen lassen. Lauch und Gurke dazugeben und alles bei schwacher Hitze 6–7 Min. leise kochen lassen, nach 3 Min. den Reis zur Suppe geben. Die Garnelenspieße in einer beschichteten Pfanne ohne Fett bei mittlerer Hitze 4–5 Min. braten, dabei einmal wenden. Die Suppe vor dem Servieren mit der restlichen Sojasauce und dem restlichen Limettensaft abschmecken. Auf (Asia-)Schälchen verteilen, je 1 Garnelenspieß darauf legen, mit den Saucenschälchen servieren.

Pasta-Täschchen auf Gorgonzola-Spinat

Für 2 Personen:
300 g TK-Gorgonzola-Spinat (z. B. von Iglo)
8 Cocktailtomaten
1 Knoblauchzehe
1 Tüte Cappelletti (z. B. »Ricotta e Basilico« von Hilcona, 250 g; aus dem Kühlregal)
2 EL Olivenöl
2 EL geriebener Parmesan

Zum Würzen:
Salz | Pfeffer
1 TL Aceto balsamico

einszwei:Teigtäschchen-Parade
Dieses Rezept lässt sich natürlich genauso mit frischen Tortellini, Tortelloni oder Ravioli zubereiten: Gibt's alle mit verschiedenen Füllungen von Fleisch bis Gemüse im Supermarkt-Kühlregal.

Zubereitungszeit: ca. 15 Min.
Pro Portion ca. 475 kcal | 1990 kJ | 23 g EW | 29 g F | 31 g KH

1 Den Gorgonzola-Spinat aus dem Tiefkühlfach nehmen, in einen Topf geben und nach Packungsanweisung bei schwacher Hitze auftauen lassen, dabei gelegentlich umrühren.

2 Die Cocktailtomaten waschen und längs halbieren. Die Knoblauchzehe schälen und quer in feine Scheibchen schneiden. Reichlich Wasser im Wasserkocher zum Kochen bringen, in einen Topf umfüllen und wieder aufkochen lassen, salzen. Die Cappelletti darin nach Packungsanweisung 2–3 Min. garen, in ein Sieb abgießen, kurz kalt abspülen und gut abtropfen lassen.

3 Das Olivenöl in einer großen Pfanne erhitzen, den Knoblauch darin bei schwacher Hitze 1 Min. unter Rühren andünsten. Dann die Pasta-Täschchen dazugeben, alles einmal vorsichtig mit einem Pfannenwender mischen. Die Cocktailtomaten dazugeben und 2–3 Min. braten, leicht salzen und pfeffern. Den Gorgonzola-Spinat mit Aceto balsamico, Salz und Pfeffer abschmecken, in zwei tiefe Pasta-Teller geben, die Cappelletti mit Tomaten und Knoblauch darauf verteilen. Mit dem Parmesan bestreut servieren.

einszwei:Schlanke Sommer-Pasta! *In einer Schüssel 1 geschälte, fein gehackte Knoblauchzehe, 1 Hand voll kleine Basilikumblättchen und je 2 EL Schnittlauchröllchen und Frühlingszwiebelringe mit 4 EL Fertig-Vinaigrette (z. B. »Salatfix«-Dressing »Kräuterwürzig« von Kühne, ohne Öl) und 1 EL Aceto balsamico vermischen. Gegarte und abgetropfte Cappelletti dazugeben, alles vermischen, mit Salz und Cayennepfeffer abschmecken, auf Teller verteilen und mit Parmesan bestreut servieren!*

schmeckt wie in España!

Malaga-Hühnerfrikassee mit Pinienkernen

Für 2 Personen:
1/2 TL gekörnte Gemüsebrühe
1 Packung TK-Hühnerfrikassee
(z. B. von A&P, 450 g)
6 EL Pinienkerne (s. Tipp S. 65)

Zum Würzen:
1 Döschen gemahlener Safran (0,1 g)
1 EL Ajvar (rotes Paprikapüree)
2–3 EL Zitronensaft | Salz

einszwei:Beste Brühe!
Gemüsebrühe ist unser erklärter Koch-Favorit! Warum? Ganz einfach: Sie hat kaum Kalorien, ist cholesterinfrei, enthält null BSE-Risiko und schmeckt einfach prima! Besonders leicht zu dosieren ist sie als Paste (aus dem Reformhaus).

Zubereitungszeit: ca. 20 Min.
Pro Portion ca. 520 kcal | 2175 kJ | 4 g EW | 34 g F | 8 g KH

1 60 ml Wasser abmessen und in einem Topf erhitzen, die gekörnte Brühe einrühren. Das Hühnerfrikassee aus dem Tiefkühlfach nehmen, aus der Verpackung nehmen, in den Topf dazugeben und bei schwacher Hitze ca. 10 Min. zugedeckt auftauen lassen. Hin und wieder umrühren.

2 4 EL Pinienkerne im Blitzhacker (s. S. 16) fein mahlen. Die restlichen Pinienkerne in einer Pfanne ohne Fett hellbraun rösten (s. Tipp S. 113), herausnehmen und beiseite stellen.

3 Die gemahlenen Pinienkerne, Safran und Ajvar zum Frikassee geben und alles gut vermischen. Bei schwacher Hitze noch 3–4 Min. leise kochen lassen. Mit Zitronensaft und Salz abschmecken. Das Frikassee auf zwei Teller verteilen und mit den gerösteten Pinienkernen bestreut servieren. Dazu passt Wildreis.

einszwei:Wilder Blitz-Reis!
Prima als Beilage zum Malaga-Hühnerfrikassee: Bereits vorgegarten Express-Wildreis (z. B. 1-2-Wildreis »reis-fit«, 250 g) mit 2 EL Wasser in eine Pfanne geben, mit einer Gabel auflockern, 1 EL Butter und 2 Prisen Salz dazugeben, alles bei schwacher Hitze 3–4 Min. leise kochen lassen.

Urlaubs-Gulasch

Provence-Topf mit Oliven und Kapern

Für 2 Personen:
60 g grüne Oliven mit Paprikafüllung (aus dem Glas)
1 Dose Hausmacher-Gulasch (z. B. von Omnimax, Rind und Schwein gemischt, 400 g)
1 unbehandelte Zitrone | 1 Tomate
1 Gläschen kleine Kapern (20 g Abtropfgewicht)
2 EL Rotwein (ersatzweise 1 EL Rotweinessig)

Zum Würzen:
1 TL Sardellenpaste | 1 Msp. Harissa (Chilipaste)

Zubereitungszeit: ca. 15 Min.
Pro Portion ca. 320 kcal | 1340 kJ | 22 g EW | 14 g F | 24 g KH

1 Die Oliven aus dem Glas in ein Sieb geben und abtropfen lassen. Die Gulaschdose öffnen. Die Zitrone heiß waschen und abtrocknen. Von der Schale 1/2–1 TL fein abreiben (s. Tipp S. 47).

2 Die Oliven quer in Scheiben schneiden. Die Tomate waschen und halbieren, Stielansatz und Kerne entfernen (s. Tipp S. 101). Die Tomatenhälften grob würfeln.

3 Das Gulasch in einen Topf geben und bei schwacher Hitze erwärmen. Die Olivenscheiben, die Kapern mit Kapernflüssigkeit und die Tomatenwürfel zum Fleisch geben. Den Rotwein unterrühren und das Gulasch mit Sardellenpaste, Harissa und Zitronenschale würzen. Die Fleischstückchen mit einer Gabel etwas zerkleinern und alles bei schwacher Hitze 3–4 Min. leise kochen lassen. Das Gulasch auf zwei tiefe Pasta-Teller verteilen und servieren.

einszwei:Mit Kräuter-Baguette!
Den Backofen auf 200° (Umluft 180°) vorheizen. 2 Baguettebrötchen quer 3–4 Mal einschneiden (nicht durchschneiden). Von einer Kräuterbutter-Rolle (aus dem Kühlregal) 2 nicht zu dünne Scheibchen abschneiden, in die Einschnittstellen streichen, die Brötchen einzeln in Alufolie wickeln und auf dem Blech 6–8 Min. im heißen Ofen (Mitte) backen. Zum Servieren vorsichtig aus der heißen Folie wickeln.

einszwei:Fiakergulasch à la Vienna! *Das Gulasch aus der Dose erhitzen und mit gemahlenem Kümmel, frisch geriebener Muskatnuss und Ajvar (rotes Paprikapüree) würzig abschmecken. Das Gulasch mit Essiggurkenscheiben, 1 knusprig gebratenen Spiegelei und Bauernbrot servieren.*

deutsch-italienische Freundschaft

Napoli-Rouladen

Für 2 Personen:
2 Rinderrouladen aus dem Glas oder der Dose (z. B. von Omnimax, 400 g)
1 Dose geschälte Tomaten (240 g Abtropfgewicht)
3 Artischockenherzen (in Marinade, aus dem Glas)
1 Zwiebel
1 Knoblauchzehe
1 EL Öl

Zum Würzen:
2 EL TK-Basilikum
2 EL Aceto balsamico
Salz | Pfeffer

Zubereitungszeit: ca. 15 Min.
Pro Portion ca. 380 kcal | 1590 kJ | 27 g EW | 17 g F | 27 g KH

einszwei:Oder Frische-Kick?
Frisch »geerntet« schmecken Kräuter am besten. Basilikum gibt es im Töpfchen das ganze Jahr über im Supermarkt. 2–3 Tage hält sich das würzige Mittelmeerkraut (unbedingt in Originalverpackung lassen und nicht gießen!) in der Küche.

1 Die Rouladen- und die Tomatendose öffnen. Die Tomaten aus der Dose in ein Sieb geben und abtropfen lassen. Die Artischockenherzen aus dem Glas nehmen und längs in Spalten schneiden.

2 Die Zwiebel schälen und längs in feine Spalten schneiden. Den Knoblauch schälen und fein hacken.

3 Das Öl in einem Topf oder einer Pfanne erhitzen, die Zwiebel und den Knoblauch darin bei mittlerer Hitze 2–3 Min. unter Rühren anbraten. Die Tomaten dazugeben und mit einer Gabel leicht zerdrücken. Die Artischocken und das Basilikum untermischen. Alles bei schwacher Hitze 3–4 Min. leise kochen lassen. Die Rouladen mit Sauce dazugeben, alles gut vermischen und weitere 6–8 Min. leise kochen lassen. Mit Aceto balsamico, Salz und Pfeffer abschmecken und die Rouladen mit der Sauce servieren.

einszwei:Lecker dazu ...
... sind Gnocchi. Die italienischen Kartoffelklößchen gibt's frisch im Kühlregal oder eingeschweißt in der Italo-Abteilung im Supermarkt. Und wer mag, mischt zum Schluss noch 2 EL geriebenen Parmesan unter die Sauce.

mit leckerem Crossover-Dressing

Avodaco-Krabben-Salat

Für 2 Personen:
100 g Eismeer-Krabben (in Salzlake; aus dem Kühlregal)
2 EL Pesto rosso (aus dem Glas)
1 reife Avocado (ca. 300 g; s. Tipp S. 37)
1 Tüte Krupuk (Krabbenchips; aus dem Asienladen)

Zum Würzen:
4 EL Orangensaft
4 EL Zitronensaft
2 EL Aceto balsamico
2 EL Chili-Chicken-Sauce (s. Tipp S. 27)

Zubereitungszeit: ca. 15 Min.
Pro Portion ca. 485 kcal | 2030 kJ | 14 g EW | 38 g F | 7 g KH

einszwei:Krabben-Variationen!
Statt der kleinen Eismeer-Krabben können Sie auch bereits vorgegarte und gewürzte TK-Knoblauch-Garnelen braten und zum Salat servieren – oder einfach etwas Meeresfrüchte-Salat (vom Fischhändler oder von der Feinkosttheke im Supermarkt) dazu anrichten.

1 Die Krabben aus der Packung in ein Sieb abgießen, kalt abspülen und mit Küchenpapier trockentupfen. Das Pesto in einer Schüssel mit je 2 EL Orangen- und Zitronensaft, dem Aceto balsamico und der Chili-Chicken-Sauce verrühren.

2 Die Avocado längs halbieren, die Hälften gegeneinander verdrehen, auseinander lösen und den Kern entfernen. Die Schale von den Avocadohälften abziehen. Das Fruchtfleisch längs in feine Spalten schneiden und auf zwei großen Tellern fächerförmig anrichten, dabei etwas Platz für die Krabben und die Sauce lassen.

3 Die Krabben dekorativ als Häufchen neben die Avocadospalten setzen und alles mit dem restlichen Orangen- und Zitronensaft (s. Tipp S. 101) beträufeln. Die Pestosauce neben die Avocadospalten geben oder in einem kleinen Schüsselchen auf den Teller stellen. Den Salat mit Krupuk servieren.

einszwei:Mini-Frühlingsröllchen!
Eine köstliche Zugabe zu allen Salaten: kleine vegetarische Frühlingsröllchen aus dem Asienladen oder Supermarkt. Die tiefgekühlten Minis einfach in heißem Öl knusprig braten oder im Backofen backen und auf Küchenpapier abtropfen lassen.

Country-Potato-Fondue

Für 2 Personen:
1/2 Beutel TK-Country-Potatoes
(z. B. »Country Steak Frites« von Agrarfrost, 225 g)
1 Ofenkäse (z. B. von Rougette, 320 g; aus dem Kühlregal)
1 kleine Salatgurke (ca. 120 g)
8 Cocktailtomaten
8 weiße kernlose Weintrauben
8 Silberzwiebeln (aus dem Glas)

Außerdem:
Holz-Schaschlikspieße

Zubereitungszeit: ca. 15 Min. | Backzeit: ca. 25 Min.
Pro Portion ca. 970 kcal | 4060 kJ | 33 g EW | 70 g F | 53 g KH

einszwei:Für Gäste!
Nehmen Sie einfach 2 oder 3 Packungen Ofenkäse, erhöhen Sie die Zutaten für die Gemüse- und Fruchtsticks und kaufen Sie statt Country-Potatoes vorgegarte Baked Potatoes (gibt's im Kühlregal neben den frischen Nudeln). Die nehmen im Backofen nicht so viel Platz weg und müssen nicht mehr gebacken, sondern nur noch aufgewärmt werden.

1 Die Country-Potatoes aus dem Tiefkühlfach nehmen und auf das Backblech geben, dabei etwas Platz lassen für den Ofenkäse (restliche Kartoffeln im Beutel wieder gut verschließen und zurück ins Tiefkühlfach legen). Den Backofen auf 200° (Umluft 180°) vorheizen.

2 Die Gurke waschen und längs halbieren, die Kerne mit einem Teelöffel herauskratzen. Die Gurkenhälften quer halbieren und längs in 1–2 cm breite Spalten schneiden. Die Cocktailtomaten und Trauben waschen und mit Küchenpapier trockentupfen. Die Silberzwiebeln aus dem Glas nehmen. Jeweils 1 Gurkenspalte auf einen Schaschlikspieß stecken. Je 2 Cocktailtomaten, 2 Trauben und 2 Silberzwiebeln ebenfalls auf je einen Spieß stecken. So weitermachen, bis alle Zutaten verbraucht sind.

3 Den Ofenkäse (in der Schachtel) neben die Kartoffeln auf das Blech legen und beides nach Packungsanweisung ca. 25 Min. im heißen Backofen (Mitte) backen. Zum Servieren den geschmolzenen Ofenkäse in der Schachtel auf einen Teller in die Tischmitte stellen, die Kartoffeln in eine Schüssel geben, ein paar Schaschlikspieße zum Aufspießen daneben legen. Jetzt Kartoffeln, Gurken-Sticks, Cocktailtomaten, Trauben und Silberzwiebeln in den warmen Käse tauchen und essen.

einszwei:Weitere Spießgesellen!
Aufspießen können Sie neben Gurken, Tomaten, Trauben und Silberzwiebeln natürlich auch andere leckere Dinge wie Birnen- oder Avocadospalten, Paprikastückchen oder Brotwürfel.

die wohl kleinsten Pizzen der Welt ...

Pizzettini

Für 2 Personen:
4 dünne Scheiben Parmaschinken (ca. 60 g)
1 Bund Rucola
1 TK-Pizza »Mozzarella« (335 g)

Außerdem:
Backpapier für das Backblech

Zubereitungszeit: ca. 15 Min. | Backzeit: ca. 12 Min.
Pro Portion ca. 580 kcal | 2430 kJ | 29 g EW | 34 g F | 41 g KH

1 Den Backofen auf 220° (Umluft 200°) vorheizen. Ein Backblech mit Backpapier auslegen.

2 Den Parmaschinken in feine Streifen schneiden. Die Rucola waschen und trockenschütteln, die groben Stiele abschneiden.

3 Die Pizza aus der Verpackung nehmen, auf das Blech legen und nach Packungsanweisung im heißen Ofen (Mitte) 10–12 Min. backen. Herausnehmen und mit einem runden Plätzchenausstecher oder mit einer kleinen Schüssel und einem scharfen Messer 7–8 kleine Pizzettini ausstechen. Die Pizzettini dekorativ mit Schinkenstreifen und Rucola belegen. Auf einer großen Platte servieren oder auf Tellern verteilt anrichten.

einszwei:Vorspeise für die große Runde! *Leckere Fingerfood-Häppchen, die warm und kalt schmecken: Einfach 2 Mozzarella-Pizzen backen, wie beschrieben ausstechen. Ein Drittel der Mini-Pizzen mit Rucola und Parmaschinken, zweites Drittel mit feinen Avocadospalten und Eismeer-Krabben (aus dem Kühlregal) belegen. Auf die restlichen Pizzettini kommen Räucherlachs-Streifen und Kapernäpfel (aus dem Glas).*

für Veggies und Tomatenfans

Tomatensuppe »Bella Italia«

Für 2 Personen:
2 Scheiben Holzofenbrot (ca. 80 g)
50 g Parmesan (am Stück)
8 Cocktailtomaten
3–4 Zweige Basilikum
3 Tüten Tomatensuppe
(z. B. »Sonnentomaten Suppe« von Knorr)

Zum Würzen:
2 EL Aceto balsamico | Salz | Pfeffer

einszwei:Parmesan hobeln!
Ideal für den Vorrat im Kühlschrank: ein ganzes Stück Parmesan, am besten in Frischhaltefolie gewickelt. Bei Bedarf einfach mit einem Sparschäler (s. S. 17) oder einem kleinen scharfen Messer etwas Käse »runterhobeln«! Sieht gut aus – und alles schmeckt einfach nach mehr Käse …

Zubereitungszeit: ca. 15 Min.
Pro Portion ca. 440 kcal | 1840 kJ | 22 g EW | 14 g F | 59 g KH

1 Von den Brotscheiben die Rinde entfernen und das Brot in mundgerechte Stücke zupfen oder in nicht zu kleine Würfel schneiden. Den Parmesan in grobe Späne hobeln.

2 Die Cocktailtomaten häuten (s. Tipp S. 33). Das Basilikum waschen und trockenschütteln, die Blättchen von den Stielen zupfen und in feine Streifen schneiden.

3 600 ml Wasser (nach Packungsanweisung) im Wasserkocher zum Kochen bringen. Den Inhalt der Suppentüten mit dem kochenden Wasser in einen Topf geben und bei schwacher Hitze 2–3 Min. leise kochen lassen. Mit Aceto balsamico, Salz und Pfeffer abschmecken. Die Cocktailtomaten und die Brotstücke dazugeben, alles einmal gut vermischen. Die Suppe auf zwei tiefe Teller verteilen, mit Parmesan und Basilikum bestreuen und servieren.

einszwei:Mal ohne Brot!
Geben Sie statt der Brotstückchen einfach 4 EL gewürfelten Mozzarella oder 4 EL gekochten Langkornreis zur Suppe.

A

B

C

D

E

L

M

N

O

P/Q

R

S

T

U/V

W

Z

Die Autorinnen

Margit Proebst studierte Kunstgeschichte und Philosophie in München, daneben baute sie einen kleinen Partyservice auf. Seit 1999 arbeitet sie als Kochbuchautorin und Foodstylistin in München. Als Autodidaktin sind ihr die »Fallen«, die in der Praxis auf jeden Küchenneuling lauern, noch sehr vertraut. Mit ihren Schlemmerrezepten nach dem einszwei-Prinzip bringen Nachwuchs-Kochkünstler ganz schnell etwas Leckeres auf den Tisch – und lernen ganz nebenbei die Grundbegriffe des Kochens.

Für **Cornelia Trischberger** wurde nach sozialwissenschaftlichem Studium und Journalistenschule aus dem Hobby Kochen auch eine berufliche Leidenschaft: erst als Ressortleiterin für Essen und Trinken bei einer großen Frauenzeitschrift und seit ein paar Jahren freiberuflich als Autorin und Food-Journalistin. Gerade für dieses Buch konnte sie auf besonders geeignete Testesser zurückgreifen: Tochter Theresa und die Mitbewohner ihrer Studenten-Wohngemeinschaft Katrin und Thomas. Sie haben klaglos (und gerne!) alles ausprobiert – und Tomaten-Kokos-Suppe und Ofenkäse zu ihren absoluten WG-Hits erklärt ...

Die Fotografen

Das **Studio L'EVEQUE Tanja & Harry Bischof** (Food & Styling) arbeitet seit Jahren intensiv für Werbung, Bücher und Zeitschriften im Foodbereich. In der Innenstadt Münchens kreiert das 4-köpfige Team Foodaufnahmen mit erfrischendem Licht und appetitanregendem, trendigem Styling. Die Freisteller-Aufnahmen für dieses Buch machte **Kristina Babics** (Fotoassistenz), die Foodstyling-Assistenz **Hannelore Bellini.**

Die Fotografen danken den Firmen **Radspieler** und **Abovo** in München, aus deren Programm sie sich bedienen durften.

Programmleitung: Doris Birk

Konzept und Redaktion:
Alessandra Redies

Lektorat: Saskia Nickles

Korrektorat: Stefanie Doll

Umschlaggestaltung:
Sandra Gramisci, independent Medien-Design, München

Innenlayout:
Ngoc Le-Tümmers, independent Medien-Design, München

Satz: Knipping Werbung GmbH, Berg/Starnberg

Herstellung: Susanne Mühldorfer

Repro: Fotolito Longo, Bozen

Druck: Appl, Wemding

Bindung: Oldenbourg Buchmanufaktur, Monheim

Das Original mit Garantie

Ihre Meinung ist uns wichtig.
Deshalb möchten wir Ihre Kritik, gerne aber auch Ihr Lob erfahren, um als führender Ratgeberverlag für Sie noch besser zu werden. Darum: Schreiben Sie uns! Wir freuen uns auf Ihre Post und wünschen Ihnen viel Spaß mit Ihrem GU-Ratgeber.

Unsere Garantie: Sollte ein GU-Ratgeber einmal einen Fehler enthalten, schicken Sie uns bitte das Buch mit einem kleinen Hinweis und der Quittung innerhalb von sechs Monaten nach dem Kauf zurück. Wir tauschen Ihnen den GU-Ratgeber gegen einen anderen zum gleichen oder einem ähnlichen Thema um.

Ihr GRÄFE UND UNZER VERLAG
Redaktion Kochen & Verwöhnen
Postfach 86 03 25
81630 München
Fax: 089/41981-113
E-Mail:
leserservice@graefe-und-unzer.de

ISBN (10) 3-8338-0246-4
ISBN (13) 978-3-8338-0246-1

Auflage	5.	4.	3.	2.	1.
Jahr	10	09	08	07	2006

GRÄFE UND UNZER

Ein Unternehmen der
GANSKE VERLAGSGRUPPE